Stefan Zweig

Drei Meister

Balzac – Dickens – Dostojewski

„Mitreißend und wortgewaltig arbeitet Zweig den Typus des Romanciers heraus, der in seiner Phantasie in der Lage ist, eigene Universen zu schaffen, in die er uns entführt – zu unserer Unterhaltung und im Interesse unserer Entwicklung, wenn wir es zulassen. Trefflich lässt er hierzu drei der wichtigsten Romanciers der Literaturgeschichte auftreten: Honoré de Balzac, Charles Dickens und den unübertroffenen Fjodor Dostojewski.“ *Redaktion Gröls-Verlag* (Edition I Werke der Weltliteratur)

Redaktionelle Hinweise und Impressum

Das vorliegende Werk wurde zugunsten der Authentizität sehr zurückhaltend bearbeitet. So wurden etwa ursprüngliche Rechtschreibfehler regelmäßig *nicht* behoben, denn kleine Unvollkommenheiten machen das Buch – wie im Übrigen den Menschen – erst authentisch. Mitunter wurden jedoch zum Beispiel Absätze behutsam neu getrennt, um den Lesefluss zu erleichtern.

Wir sind bemüht, ein ansprechendes Produkt zu gestalten, welches angemessenen Ansprüchen an das Preis/Leistungsverhältnis und vernünftigen Qualitätserwartungen gerecht wird. Um die Texte zu rekonstruieren, werden antiquarische Bücher von leistungsfähigen Lesegeräten gescannt und dann durch eine Software lesbar gemacht. Der so entstandene Text wird von Menschen gegen eine Aufwandsentschädigung gegengelesen und korrigiert – Hierbei können gelegentlich Fehler auftreten. Wenn Sie ebenfalls antiquarische Texte einreichen möchten, wenden Sie sich für weitere Informationen gerne an

www.groels.de

Informieren Sie sich dort auch gerne über die anderen Werke aus unserer

Edition | Bedeutende Werke der Weltliteratur

Sie werden es mit 98,089 %iger Wahrscheinlichkeit nicht bereuen.

Die Deutsche Nationalbibliothek verzeichnet dieses Werk in der Deutschen Nationalbibliografie.

Verleger: Marcel Hermann-Josef Gröls, Poelchaukamp 20, 22301 Hamburg.
Externer Dienstleister für Distribution und Herstellung: BoD, In de Tarpen 42, 22848 Norderstedt

Inhaltsverzeichnis

Vorwort

Obwohl in einem Zeitraum von zehn Jahren entstanden, bindet doch kein Zufall diese drei Versuche über Balzac, Dickens und Dostojewski zu einem Buche zusammen. Einheitliche Absicht versucht die drei großen und in meinem Sinne einzigen Romanschriftsteller des neunzehnten Jahrhunderts als Typen zu zeigen, die eben durch den Kontrast ihrer Persönlichkeiten einander ergänzen und vielleicht den Begriff des epischen Weltbildners, des Romanciers, zu einer deutlichen Form erheben.

Nenne ich Balzac, Dickens und Dostojewski hier die einzigen großen Romanschriftsteller des neunzehnten Jahrhunderts, so verkenne ich in dieser Voranstellung keineswegs die Größe einzelner Werke Goethes, Gottfried Kellers, Stendhals, Flauberts, Tolstois, Victor Hugos und anderer, von denen mancher einzelne Roman oftmals das abgesonderte Werk insbesondere Balzacs und Dickens' weitaus übertrifft. Und ich glaube, meinen innerlichen und unerschütterlichen Unterschied zwischen dem Verfasser eines Romanes und dem Romancier darum ausdrücklich feststellen zu müssen. Romanschriftsteller im letzten, im höchsten Sinne ist nur das enzyklopädische Genie, der universale Künstler, der – hier wird Breite des Werkes und Fülle der Figuren zum Argument – einen ganzen Kosmos baut, der eine eigene Welt mit eigenen Typen, eigenen Gravitationsgesetzen und einem eigenen Sternenhimmel neben die irdische stellt.

Der jede Figur, jedes Geschehnis so sehr mit seinem Wesen imprägniert, daß sie nicht nur für ihn typisch werden, sondern auch für uns selbst mit jener Eindringlichkeit bildkräftig, die uns dann oft verlockt, Geschehnisse und Personen nach ihnen zu benennen, so daß wir von Menschen im lebendigen Leben etwa sagen: eine balzacsche Figur, eine Dickensgestalt, eine Dostojewskinatur. Jeder dieser Künstler bildet ein Lebensgesetz, eine Lebensauffassung durch die Fülle seiner Gestalten so einheitlich hervor, daß es durch ihn eine neue Form der Welt wird. Und dieses innerste Gesetz, diese Charakterformation in ihrer verborgenen Einheit darzustellen ist der wesentliche Versuch meines Buches, dessen ungeschriebener Untertitel lauten könnte: Psychologie des Romanciers.

Jeder dieser drei Romanschriftsteller hat seine eigene Sphäre. Balzac die Welt der Gesellschaft, Dickens die Welt der Familie, Dostojewski die Welt des Einen und des Alls. Vergleiche dieser Sphären zeigen ihre Unterschiede, niemals aber ist unternommen, diese Unterschiede in Werturteile umzudeuten oder die nationalen Elemente eines Künstlers in Neigung oder Abwehr zu betonen. Jeder große Schöpfer ist eine Einheit, die ihre Grenzen und ihr Gewicht in eigenen Maßen in sich schließt: es gibt nur ein spezifisches Gewicht innerhalb eines Werkes, kein absolutes in der Waagschale der Gerechtigkeit.

Alle drei Aufsätze setzen Kenntnis der Werke voraus: sie wollen keine Einführung sein, sondern Sublimierung, Kondensierung, Extrakt. Sie können darum, weil sie zusammendrängen, nur das persönlich als wesentlich Empfundene zur Erkenntnis bringen; am meisten bedaure ich diese notwendige Unzulänglichkeit bei dem Aufsatz über Dostojewski, dessen unendliches Maß ebensowenig wie das Goethes jemals auch von breitester Formel wird umfaßt werden können.

Gern wäre diesen großen Gestalten eines Franzosen, eines Engländers, eines Russen auch das Bildnis eines repräsentativen deutschen Romanschriftstellers, eines epischen Weltbildners in jenem hohen Sinne, wie ich ihn für das Wort Romancier anspreche, beigefügt worden. Doch ich finde keinen einzigen jenes höchsten Ranges in Gegenwart und Vergangenheit. Und es ist vielleicht der Sinn dieses Buches, ihn für die Zukunft zu fordern und den noch Fernen zu grüßen.

Salzburg 1919

Balzac

Balzac ist 1799 geboren, in der Touraine, der Provinz des Überflusses, in Rabelais' heiterer Heimat. Im Juni 1799, das Datum ist wert, wiederholt zu werden. Napoleon – die von seinen Taten schon beunruhigte Welt nannte ihn noch Bonaparte – kam in diesem Jahre aus Ägypten heim, halb Sieger und halb Flüchtling. Unter fremden Sternbildern, vor den steinernen Zeugen der Pyramiden hatte er gefochten, war dann, müd, ein grandios begonnenes Werk zäh zu vollenden, auf winzigem Schiffe durchgeschlüpft zwischen den lauernden Korvetten Nelsons, faßte ein paar Tage nach seiner Ankunft eine Handvoll Getreuer zusammen, fegte den widerstrebenden Konvent rein und riß mit einem Griff die Herrschaft Frankreichs an sich. 1799, das Geburtsjahr Balzacs, ist der Beginn des Empire.

Das neue Jahrhundert kennt nicht mehr le petit général, nicht mehr den korsischen Abenteurer, sondern nur mehr Napoleon, den Kaiser Frankreichs. Zehn, fünfzehn Jahre noch – die Knabenjahre Balzacs – und die machtgierigen Hände umspannen halb Europa, während seine ehrgeizigen Träume mit Adlersflügeln schon ausgreifen über die ganze Welt von Orient zu Okzident. Es kann für einen alles so intensiv Miterlebenden, für einen Balzac nicht gleichgültig sein, wenn sechzehn Jahre ersten Umblicks mit den sechzehn Jahren des Kaiserreichs, der vielleicht phantastischesten Epoche der Weltgeschichte, glatt zusammenfallen. Denn frühes Erlebnis und Bestimmung, sind sie nicht eigentlich nur Innen- und Außenfläche eines Gleichen? Daß einer, irgendeiner kam, von irgendeiner Insel im blauen Mittelmeer, nach Paris kam, ohne Freund und Geschäft, ohne Ruf und Würde, schroff die eben zügellose Gewalt dort packte, sie herumriß und in den Zaum zwang, daß irgendeiner, ein einzelner, ein Fremder, mit einem Paar nackter Hände Paris gewann und dann Frankreich und dann die ganze Welt – diese Abenteurerlaune der Weltgeschichte wird nicht aus schwarzen Lettern unglaubhaft zwischen Legenden oder Historien ihm vermittelt, sondern farbig, durch all seine durstig aufgetanen Sinne dringt sie ein in sein persönliches Leben, mit tausend bunten Erinnerungswirklichkeiten die noch unbeschrittene Welt seines Innern bevölkernd. Solches Erlebnis muß notwendigerweise zum Beispiel werden.

Balzac, der Knabe, hat das Lesen vielleicht gelernt an den Proklamationen, die stolz, schroff, mit fast römischem Pathos die fernen Siege erzählten, der Kinderfinger zog wohl ungelenk auf der Landkarte, von der Frankreich wie ein überströmender Fluß allmählich über Europa schwoll, den Märschen der napoleonischen Soldaten nach, heute über den Mont Cenis, morgen quer durch die Sierra Nevada, über die Flüsse hin nach Deutschland, über den Schnee nach Rußland, über das Meer vor Gibraltar hin, wo die Engländer mit glühenden Kanonenkugeln die Flottille in Brand schossen. Tags haben vielleicht die Soldaten auf der Straße mit ihm gespielt, Soldaten, denen Kosaken ihre Säbelhiebe ins Gesicht geschrieben hatten, nachts mag er oft aufgewacht sein vom Rollen der Kanonen, die hinzogen nach Österreich, um die Eisdecke unter der russischen Reiterei bei Austerlitz zu zerschmettern. Alles Begehren seiner Jugend mußte aufgelöst sein in den aneifernden Namen, in den Gedanken, in die Vorstellung: Napoleon. Vor dem großen Garten, der aus Paris hinausführt in die Welt, wuchs ein Triumphbogen auf, dem die besiegten Städtenamen der halben Welt eingemeißelt waren, und dieses Gefühl der Herrschaft, wie mußte es umschlagen in eine ungeheure Enttäuschung, als dann fremde Truppen einzogen durch diese stolze Wölbung! Was außen, in der durchstürmten Welt geschah, wuchs nach innen als Erlebnis. Früh erlebte er schon die ungeheure Umwälzung der Werte, der geistigen ebenso wie der materiellen.

Er sah die Assignaten, auf denen hundert oder tausend Francs mit dem Siegel der Republik verheißen waren, als wertlose Papiere im Winde flattern. Auf dem Goldstück, das durch seine Hand glitt, war bald des enthaupteten Königs feistes Profil, bald die Jakobinermütze der Freiheit, bald des Konsuls Römergesicht, bald Napoleon im kaiserlichen Ornat. In einer Zeit so ungeheurer Umwälzungen, da die Moral, das Geld, das Land, die Gesetze, die Rangordnungen, alles, was seit Jahrhunderten in feste Grenzen eingedämmt war, einsickerte oder überschwemmte, in einer Epoche so nie erlebter Veränderungen mußte ihm früh die Relativität aller Werte bewußt werden. Ein Wirbel war die Welt um ihn, und wenn der schwindlige Blick nach Übersicht suchte, nach einem Symbol, nach einem Sternbild über diesen gebäumten Wogen, so war es in diesem Auf und Nieder der Ereignisse immer nur Er, der Eine, der Wirkende, von dem diese tausend Erschütterungen und Schwingungen ausgingen. Und ihn selbst, Napoleon, hatte er noch erlebt. Er sah ihn zur Parade reiten mit den Geschöpfen seines Willens, mit Rustan, dem Mamelucken, mit Josef, dem er Spanien geschenkt hatte, mit Murat, dem er Sizilien zu eigen gegeben, mit Bernadotte, dem Verräter, mit allen, denen er Kronen gemünzt hatte und Königreiche erobert, die er aufgehoben aus dem Nichts ihrer Vergangenheit in den Strahl seiner Gegenwart. In einer Sekunde war in seine Netzhaut sinnfällig und lebendig ein Bild eingestrahlt, das größer war als alle Beispiele der Geschichte: er hatte den großen Welteroberer gesehen! Und ist für einen Knaben, einen Welteroberer zu sehen, nicht gleichviel mit dem Wunsche, selbst einer zu werden? Noch an zwei anderen Stellen ruhten in diesem Augenblicke zwei Welteroberer aus, in Königsberg, wo einer die Wirre der Welt sich auflöste in eine Übersicht, und in Weimar, wo sie ein Dichter nicht minder in ihrer Gänze besaß als Napoleon mit seinen Armeen. Aber dies war für lange noch unfühlbare Ferne für Balzac. Den Trieb, immer nur das Ganze zu wollen, nie ein Einzelnes, die ganze Weltfülle gierig zu erstreben, diesen fieberhaften Ehrgeiz hat vorerst das Beispiel Napoleons an ihm verschuldet.

Dieser ungeheure Weltwille weiß noch nicht sofort seinen Weg. Balzac entscheidet sich zunächst für keinen Beruf. Zwei Jahre früher geboren, wäre er, ein Achtzehnjähriger, in die Reihen Napoleons getreten, hätte vielleicht bei Belle Alliance die Höhen gestürmt, wo die englischen Kartätschen niederfegten; aber die Weltgeschichte liebt keine Wiederholungen. Auf den Gewitterhimmel der napoleonischen Epoche folgen laue, weiche, erschlaffende Sommertage. Unter Ludwig XVIII. wird der Säbel zum Zierdegen, der Soldat zur Hofschranze, der Politiker zum Schönredner; nicht mehr die Faust der Tat, das dunkle Füllhorn des Zufalls vergeben die hohen Staatsstellen, sondern weiche Frauenhände schenken Gunst und Gnade, das öffentliche Leben versandet, verflacht, der Gischt der Ereignisse glättet sich zum sanften Teich. Mit den Waffen war die Welt nicht mehr zu erobern. Napoleon, dem einzelnen ein Beispiel, war eine Abschreckung für die vielen. So blieb die Kunst. Balzac beginnt zu schreiben. Aber nicht wie die anderen, um Geld zu raffen, zu amüsieren, ein Bücherregal zu füllen, ein Boulevardgespräch zu sein: ihn lüstet nicht nach einem Marschallstab in der Literatur, sondern nach der Kaiserkrone. In einer Mansarde fängt er an. Unter fremdem Namen, wie um seine Kraft zu proben, schreibt er die ersten Romane. Es ist noch nicht Krieg, sondern nur Kriegsspiel, Manöver und noch nicht die Schlacht. Unzufrieden mit dem Erfolg, unbefriedigt vom Gelingen, wirft er dann das Handwerk hin, dient drei, vier Jahre lang anderen Berufen, sitzt als Schreiber in der Stube eines Notars, beobachtet, sieht, genießt, dringt mit seinem Blick in die Welt, und dann fängt er noch einmal an. Jetzt aber mit jenem ungeheuren Willen auf das Ganze hinzielend, mit jener gigantischen fanatischen Gier, die das Einzelne, die Erscheinung, das Phänomen, das Losgerissene mißachtet, um nur das in großen Schwingungen Kreisende zu umfassen, das geheimnisvolle Räderwerk der Urtriebe zu belauschen. Aus dem Gebräu der Geschehnisse die reinen Elemente, aus dem Zahlengewirr die Summe, aus dem Getöse die Harmonie, aus der Lebensfülle die Essenz zu gewinnen, die ganze Welt in seine

Retorte zu drängen, sie noch einmal zu schaffen, „en raccourci“: das ist nun sein Ziel. Nichts soll verloren gehen von der Vielfalt, und um dieses Unendliche in ein Endliches, das Unerreichbare in ein Menschenmögliches zusammenzupressen, gibt es nur einen Prozeß: die Komprimierung. Seine ganze Kraft arbeitet dahin, die Phänomene zusammenzudrängen, sie durch ein Sieb zu jagen, wo alles Unwesentliche zurückbleibt und nur die reinen, wertvollen Formen durchsickern; und sie dann, diese zerstreuten Einzelformen, in der Glut seiner Hände zusammenzupressen, ihre ungeheure Vielfalt in ein anschauliches, übersichtliches System zu bringen, wie Linné die Milliarden Pflanzen in eine enge Übersicht, wie der Chemiker die unzählbaren Zusammensetzungen in eine Handvoll Elemente auflöst – das ist nun sein Ehrgeiz. Er vereinfacht die Welt, um sie dann zu beherrschen, er preßt die Bezwungene in den grandiosen Kerker der „Com édie humaine“.

Durch diesen Prozeß der Destillation sind seine Menschen immer Typen, immer charakteristische Zusammenfassungen einer Mehrheit, von denen ein unerhörter Kunstwille alles Überflüssige und Unwesentliche abgeschüttelt hat. Er konzentriert, indem er das administrative Zentralisationssystem in die Literatur einführt. Wie Napoleon macht er Frankreich zum Umkreis der Welt, Paris zum Zentrum. Und innerhalb dieses Kreises, in Paris selbst, zieht er mehrere Zirkel, den Adel, die Geistlichkeit, die Arbeiter, die Dichter, die Künstler, die Gelehrten. Aus fünfzig aristokratischen Salons macht er einen einzigen, den der Herzogin von Cadignan. Aus hundert Bankiers den Baron von Nucingen, aus allen Wucherern den Gobsec, aus allen Ärzten den Horace Bianchon. Er läßt diese Menschen enger beieinander wohnen, häufiger sich berühren, vehementer sich bekämpfen. Wo das Leben tausend Spielarten erzeugt, hat er nur eine. Er kennt keine Mischtypen. Seine Welt ist ärmer als die Wirklichkeit, aber intensiver. Denn seine Menschen sind Extrakte, seine Leidenschaften reine Elemente, seine Tragödien Kondensierungen. Wie Napoleon beginnt er mit der Eroberung von Paris. Dann faßt er Provinz nach Provinz – jedes Departement sendet gewissermaßen seinen Sprecher in das Parlament Balzacs – und dann wirft er wie der siegreiche Konsul Bonaparte seine Truppen über alle Länder. Er greift aus, sendet seine Menschen an die Fjorde Norwegens, in die verbrannten, sandigen Ebenen Spaniens, unter den feuerfarbenen Himmel Ägyptens, an die vereiste Brücke der Beresina, überallhin und noch weiter greift sein Weltwille wie der seines großen Vorbildners. Und so wie Napoleon, ausruhend zwischen zwei Feldzügen, den Code civil schuf, gibt Balzac, ausruhend von der Eroberung der Welt in der „Comedie humaine“, einen Code moral der Liebe, der Ehe, eine prinzipielle Abhandlung und zieht über die erdumspannende Linie der großen Werke noch lächelnd die übermütige Arabeske der „Contes drôlatiques“. Vom tiefsten Elend, aus den Hütten der Bauern wandert er in die Paläste von St. Germain, dringt in die Gemächer Napoleons, überall reißt er die vierte Wand auf und mit ihr die Geheimnisse der verschlossenen Räume, er rastet mit den Soldaten in den Zelten der Bretagne, spielt an der Börse, sieht in die Kulissen des Theaters, überwacht die Arbeit des Gelehrten, kein Winkel ist in der Welt, wo seine zauberische Flamme nicht hinleuchtet. Zwei- bis dreitausend Menschen bilden seine Armee, und tatsächlich: aus dem Boden hat er sie gestampft, aus seiner flachen Hand ist sie aufgewachsen. Nackt, aus dem Nichts sind sie gekommen, und er wirft ihnen Kleider um, schenkt ihnen Titel und Reichtümer, wie Napoleon seinen Marschällen, nimmt sie ihnen wieder ab, er spielt mit ihnen, hetzt sie durcheinander. Unzählbar ist die Vielfalt der Geschehnisse, ungeheuer die Landschaft, die hinter diese Ereignisse sich stellt. Einzig in der neuzeitlichen Literatur, wie Napoleon einzig in der modernen Geschichte, ist diese Eroberung der Welt in der „Comédie humaine“, dieses Zwischen-zwei-Händen-Halten des ganzen, zusammengedrängten Lebens. Aber es war der Knabentraum Balzacs, die Welt zu erobern, und nichts ist gewaltiger als früher Vorsatz, der Wirklichkeit wird. Nicht umsonst hatte er unter ein Bild Napoleons geschrieben: „Ce qu'il n'a pu achever par l'épée je l'accomplirai par la plume.“

Und so wie er sind seine Helden. Alle haben sie das Welteroberungsgelüst. Eine zentripetale Kraft schleudert sie aus der Provinz, aus ihrer Heimat, nach Paris. Dort ist ihr Schlachtfeld. Fünfzigtausend junge Leute, eine Armee, strömt heran, unversuchte keusche Kraft, entladungssüchtige, unklare Energie, und hier, im engen Räume prallen sie aufeinander wie Geschosse, vernichten sich, treiben sich empor, reißen sich in den Abgrund. Keinem ist ein Platz bereitet. Jeder muß sich die Rednerbühne erobern und dies stahlharte, biegsame Metall, das Jugend heißt, umschmieden zu einer Waffe, seine Energien konzentrieren zu einem Explosiv. Daß dieser Kampf innerhalb der Zivilisation nicht minder erbittert ist als der auf den Schlachtfeldern, dies als erster bewiesen zu haben, ist der Stolz Balzacs: „Meine bürgerlichen Romane sind tragischer als eure Trauerspiele!“ ruft er den Romantikern zu. Denn das erste, was diese jungen Menschen in den Büchern Balzacs lernen, ist das Gesetz der Unerbittlichkeit. Sie wissen, daß sie zuviel sind, und müssen sich – das Bild gehört Vautrin, dem Liebling Balzacs – auffressen wie die Spinnen in einem Topf. Sie müssen die Waffe, die sie aus ihrer Jugend geschmiedet haben, noch eintauchen in das brennende Gift der Erfahrung. Nur der Überbleibende hat recht. Aus allen zweiunddreißig Windrichtungen kommen sie her wie die Sansculotten der „Großen Armee", zerreißen sich die Schuhe auf dem Wege nach Paris, der Staub der Landstraße klebt an ihren Kleidern, und ihre Kehle ist verbrannt von einem ungeheuren Durst nach Genuß.

Und wie sie sich umsehen in dieser neuen, zauberischen Sphäre der Eleganz, des Reichtums und der Macht, da fühlen sie, daß, um diese Paläste, diese Frauen, diese Gewalten zu erobern, all das wenige, das sie mitgebracht haben, wertlos sei. Daß sie ihre Fähigkeiten, um sie auszunützen, umschmelzen müßten, Jugend in Zähigkeit, Klugheit in List, Vertrauen in Falschheit, Schönheit in Laster, Verwegenheit in Verschlagenheit. Denn die Helden Balzacs sind starke Begehrende, sie streben nach dem Ganzen. Sie alle haben das gleiche Abenteuer: ein Tilbury saust an ihnen vorbei, die Räder sprühen sie an mit Kot, der Kutscher schwingt die Peitsche, aber darin sitzt eine junge Frau, in ihrem Haar blinkt der Schmuck. Ein Blick weht rasch vorüber. Sie ist verführerisch und schön, ein Symbol des Genusses. Und alle Helden Balzacs haben in diesem Augenblicke nur einen Wunsch: Mir diese Frau, der Wagen, die Diener, der Reichtum, Paris, die Welt! Das Beispiel Napoleons, daß alle Macht auch für den Geringsten feil sei, hat sie verdorben. Nicht wie ihre Väter in der Provinz ringen sie um einen Weinberg, um eine Präfektur, um eine Erbschaft, sondern um Symbole schon, um die Macht, um den Aufstieg in jenen Lichtkreis, wo die Liliensonne des Königtums glänzt und das Geld wie Wasser durch die Finger rinnt. So werden sie ja jene großen Ehrgeizigen, denen Balzac stärkere Muskeln, wildere Beredsamkeit, energischere Triebe, ein, wenn auch rascheres, so doch lebendigeres Leben zuschreibt, als den anderen. Sie sind Menschen, deren Träume Taten werden, Dichter, wie er sagt, die in der Materie des Lebens dichten. Zwiefach in ihrer Angriffsweise, ein besonderer Weg bahnt sich dem Genie, ein anderer dem gewöhnlichen. Man muß sich eine eigene Weise finden, um zur Macht zu gelangen, oder man muß die der anderen, die Methode der Gesellschaft erlernen. Als Kanonenkugel muß man mörderisch hineinschmettern in die Menge der anderen, die zwischen einem und dem Ziele stehen, oder man muß sie schleichend vergiften wie die Pest, rät Vautrin, der Anarchist, die grandiose Lieblingsfigur Balzacs. Im Quartier Latin, wo Balzac selbst in enger Stube begonnen hat, treten auch seine Helden zusammen, die Urformen des sozialen Lebens, Desplein, der Student der Medizin, Rastignac, der Streber, Louis Lambert, der Philosoph, Bridau, der Maler, Rubempré, der Journalist – ein Cénacle junger Menschen, die ungeformte Elemente sind, reine, rudimentäre Charaktere, aber doch: das ganze Leben gruppiert um eine Tischplatte in der sagenhaften Pension Vauquer.

Dann aber, hineingegossen in die große Retorte des Lebens, eingekocht in die Hitze der Leidenschaften, und wieder erkaltend, erstarrend an den Enttäuschungen, unterworfen den vielfachen Wirkungen der gesellschaftlichen Natur, den mechanischen Reibungen, den magnetischen Anziehungen, den chemischen Zersetzungen, den molekularen Zerlegungen, bilden sich diese Menschen um, verlieren sie ihr wahres Wesen. Die furchtbare Säure, die Paris heißt, löst die einen auf, zerfrißt sie, scheidet sie aus, läßt sie verschwinden und kristallisiert, verhärtet, versteint wiederum die anderen. Alle Wirkungen der Wandlung, Färbung und Vereinung vollziehen sich an ihnen, aus den vereinten Elementen bilden sich neue Komplexe, und zehn Jahre später grüßen sich die Übergebliebenen, Umgeformten mit Augurenlächeln auf den Höhen des Lebens, Desplein, der berühmte Arzt, Rastignac, der Minister, Bridau, der große Maler, während Louis Lambert und Rubempré das Schwungrad zermalmend faßte. Nicht umsonst hat Balzac die Chemie geliebt, die Werke Cuviers, Lavoisiers studiert. Denn in diesem vielfältigen Prozeß der Aktionen und Reaktionen, der Affinitäten, der Abstoßungen und Anziehungen, Ausscheidungen und Gliederungen, Zersetzungen und Kristallisierungen, in der atomhaften Vereinfachung des Zusammengesetzten schien ihm deutlicher als anderswo das Bild der sozialen Zusammensetzung gespiegelt zu sein. Daß jedes Individuum ein Produkt sei, geformt von Klima, Milieu, Sitten, Zufall, von all dem, was schicksalsträchtig an ihm rührt, daß jedes Individuum seine Wesenheit aus einer Atmosphäre sauge, um selbst wieder eine neue Atmosphäre zu entstrahlen – dieses universelle Bedingtsein von In- und Umwelt war ihm Axiom. Und diesen Abdruck des Organischen im Unorganischen, und die Griffspuren des Lebendigen im Begrifflichen wieder, diese Summierungen eines momentanen geistigen Besitzes im sozialen Wesen, die Produkte ganzer Epochen aufzuzeichnen, schien ihm höchste Aufgabe des Künstlers. Alles fließt ineinander, alle Kräfte sind in Schwebe und keine frei. Ein so unbegrenzter Relativismus hat jede Kontinuität, selbst die des Charakters geleugnet. Balzac hat seine Menschen immer an den Ereignissen sich formen lassen, sich modellieren wie Ton in der Hand des Schicksals. Selbst die Namen seiner Menschen umspannen einen Wandel und kein Einheitliches. Durch zwanzig der Bücher Balzacs geht der Baron von Rastignac, Pair von Frankreich.

Man glaubt ihn schon zu kennen, von der Straße her, oder vom Salon, oder von der Zeitung, diesen rücksichtslosen Arrivierten, dies Prototyp eines brutalen pariserischen unbarmherzigen Strebers, der aalglatt durch alle Schlupfwinkel der Gesetze sich durchdrückt und die Moral einer verkommenen Gesellschaft meisterhaft verkörpert. Aber da ist ein Buch, in dem lebt auch ein

Rastignac, der junge arme Edelmann, den seine Eltern nach Paris schicken mit vielen Hoffnungen und wenig Geld, ein weicher, sanfter, bescheidener, sentimentaler Charakter. Und das Buch erzählt, wie er in die Pension Vauquer gerät, in jenen Hexenkessel von Gestalten, in eine jener genialen Verkürzungen, wo Balzac in vier schlecht tapezierte Wände die ganze Lebensvielfalt der Temperamente und Charaktere einschließt, und hier sieht er die Tragödie des ungekannten König Lear, des Vaters Goriot, sieht, wie die Flitterprinzessinnen des Faubourg St. Germain gierig den alten Vater bestehlen, sieht alle Niedertracht der Gesellschaft, gelöst in eine Tragödie. Und da, wie er endlich dem Sarge des allzu Gütigen folgt, allein mit einem Hausknecht und einer Magd, wie er in zorniger Stunde Paris schmutziggelb und trüb wie ein böses Geschwür von den Höhen des Père-Lachaise zu seinen Füßen sieht, da weiß er alle Weisheit des Lebens. In diesem Momente hört er die Stimme Vautrins, des Sträflings, in seinem Ohr aufklingen, seine Lehre, daß man Menschen wie Postpferde behandeln müsse, sie vor seinem Wagen hetzen und dann krepieren lassen am Ziel, in dieser Sekunde wird er der Baron Rastignac der anderen Bücher, der rücksichtslose, unerbittliche Streber, der Pair von Paris. Und diese Sekunde am Kreuzweg des Lebens erleben alle Helden Balzacs. Sie alle werden Soldaten im Kriege aller gegen alle, jeder stürmt vorwärts, über die Leiche des einen geht der Weg des andern. Daß jeder seinen Rubikon, sein Waterloo hat, daß die Gleichen Schlachten sich in Palästen, Hütten und Tavernen liefern, zeigt Balzac, und daß unter den abgerissenen Kleidern Priester, Ärzte, Soldaten, Advokaten die gleichen Triebe bekunden, das weiß sein Vautrin, der Anarchist, der die Rollen aller spielt und in zehn Verkleidungen in den Büchern Balzacs auftritt, immer aber derselbe und bewußt derselbe. Unter der nivellierten Oberfläche des modernen Lebens wühlen die Kämpfe unterirdisch weiter. Denn der äußeren Egalisierung wirkt der innere Ehrgeiz entgegen. Da keinem ein Platz reserviert ist wie einst dem König, dem Adel, den Priestern, da jeder ein Anrecht auf alle hat, so verzehnfacht sich ihre Anspannung. Die Verkleinerung der Möglichkeiten äußert sich im Leben als Verdoppelung der Energie.

Gerade dieser mörderische und selbstmörderische Kampf der Energien ist es, der Balzac reizt. Die an ein Ziel gewandte Energie als Ausdruck des bewußten Lebenswillens ist seine Leidenschaft. Ob sie gut oder böse, wirkungskräftig oder verschwendet bleibt, ist ihm gleichgültig, sobald sie nur intensiv wird. Intensität, Wille ist alles, weil dies dem Menschen gehört, Erfolg und Ruhm nichts, denn ihn bestimmt der Zufall. Der kleine Dieb, der ängstliche, der ein Brot vom Bäckerladentisch in den Ärmel verschwinden läßt, ist langweilig, der große Dieb, der professionelle, der nicht nur um des Nutzens, sondern um der Leidenschaft willen raubt, dessen ganze Existenz sich auflöst in den Begriff des Ansichreißens, ist grandios. Die Effekte, die Tatsachen zu messen, bleibt Aufgabe der Geschichtschreibung, die Ursachen, die Intensitäten freizulegen, scheint für Balzac die des Dichters. Denn tragisch ist nur die Kraft, die nicht zum Ziel gelangt. Balzac schildert die héros oubliés, für ihn gibt es in jeder Epoche nicht nur einen Napoleon, nicht nur den der Historiker, der die Welt erobert hat von 1796 bis 1815, sondern er kennt vier oder fünf. Der eine ist vielleicht bei Marengo gefallen und hat Desaix geheißen, der zweite mag vom wirklichen Napoleon nach Ägypten gesandt worden sein, fernab von den großen Ereignissen, der dritte hat vielleicht die ungeheuerste Tragödie erlitten: er war Napoleon und ist nie an ein Schlachtfeld gelangt, hat in irgendeinem Provinznest einsickern müssen, statt Wildbach zu werden, aber er hat nicht minder Energie verausgabt, wenn auch an kleinere Dinge. So nennt er Frauen, die durch ihre Hingebung und ihre Schönheit berühmt geworden wären unter den Sonnenköniginnen, deren Namen geklungen hätten wie der der Pompadour oder der Diane de Poitiers, er spricht von den Dichtern, die an der Ungunst des Augenblicks zugrunde gehen, an deren Namen der Ruhm vorbeigeglitten ist und denen der Dichter erst den Ruhm wieder schenken muß: Er weiß, daß jede Sekunde des Lebens eine ungeheure Fülle von Energie unwirksam verschwendet. Ihm ist bewußt, daß die Eugénie Grandet, das sentimentale Provinzmädel, in dem Augenblicke, da sie, erzitternd vor dem geizigen Vater, ihrem Vetter die Geldbörse schenkt, nicht minder tapfer ist als die Jeanne d'Arc, deren Marmorbild auf jedem Marktplatze Frankreichs leuchtet. Erfolge können den Biographen unzähliger Karrieren nicht blenden, den nicht täuschen, der alle Schminken und Mixturen des sozialen Auftriebs chemisch zersetzt hat. Balzacs unbestechliches Auge, einzig nach Energie ausspähend, sieht aus dem Gewühl der Tatsachen immer nur die lebendige Anspannung, greift in jenem Gedränge an der Beresina, wo das zersprengte Heer Napoleons über die Brücke strebt, wo Verzweiflung und Niedertracht und Heldentum hundertfach geschilderter Szenen zu einer Sekunde zusammengedrängt sind, die wahren, die größten Helden heraus: die vierzig Pioniere, deren Namen niemand kennt, die drei Tage bis zur Brust im eiskalten, schollentreibenden Wasser gestanden hatten, um jene schwanke Brücke zu bauen, auf der die Hälfte der Armee entkam.

Er weiß, daß hinter den verhängten Scheiben von Paris in jeder Sekunde Tragödien geschehen, die nicht geringer sind als der Tod der Julia, das Ende Wallensteins und die Verzweiflung Lears, und immer wieder hat er das eine

Wort stolz wiederholt: „Meine bürgerlichen Romane sind tragischer als eure tragischen Trauerspiele." Denn seine Romantik greift nach innen. Sein Vautrin, der Bürgerkleidung trägt, ist nicht minder grandios als der schellenumhangene Glöckner von Notre-Dame, der Quasimodo des Victor Hugo, die starren felsigen Landschaften der Seele, das Gestrüpp von Leidenschaft und Gier in der Brust seiner großen Streber ist nicht minder schreckhaft als die schaurige Felsenhöhle des Han d'Islande. Balzac sucht das Grandiose nicht in der Draperie, nicht im Fernblick auf das Historische oder Exotische, sondern im Überdimensionalen, in der gesteigerten Intensität eines in seiner Geschlossenheit einzig werdenden Gefühls. Er weiß, daß jedes Gefühl erst bedeutsam wird, wenn es in seiner Kraft ungebrochen bleibt, jeder Mensch nur groß, wenn er sich konzentriert in ein Ziel, sich nicht verschleudert, in einzelne Begierden zersplittert, wenn seine Leidenschaft die allen anderen Gefühlen zugedachten Säfte in sich auftrinkt, durch Raub und Unnatur stark wird, so wie ein Ast mit doppelter Wucht erst aufblüht, wenn der Gärtner die Zwillingsäste gefällt oder gedrosselt hat.

Solche Monomanen der Leidenschaft hat er geschildert, die in einem einzigen Symbol die Welt begreifen, einen Sinn sich statuierend in dem unentwirrbaren Reigen. Eine Art Mechanik der Leidenschaften ist das Grundaxiom seiner Energetik: der Glaube, daß jedes Leben eine gleiche Summe von Kraft verausgabe, gleichviel, an welche Illusionen es diese Willensbegehrungen verschwende, gleichviel, ob es sie langsam verzettle in tausend Erregungen, oder sparsam aufbewahre für die jähen heftigen Ekstasen, ob in Verbrennung oder Explosion das Lebensfeuer sich verzehre. Wer rascher lebt, lebt nicht kürzer, wer einheitlich lebt, nicht minder vielfältig. Für ein Werk, das nur Typen schildern will, die reinen Elemente auflösen, sind solche Monomanen allein wichtig. Flaue Menschen interessieren Balzac nicht, nur solche, die etwas ganz sind, die mit allen Nerven, mit allen Muskeln, mit allen Gedanken an einer Illusion des Lebens hängen, sei es, an was immer auch, an der Liebe, der Kunst, dem Geiz, der Hingebung, der Tapferkeit, der Trägheit, der Politik, der Freundschaft. An irgendeinem beliebigen Symbol, aber an diesem ganz. Diese hommes à passion, diese Fanatiker einer selbstgeschaffenen Religion, sehen nicht nach rechts, nicht nach links. Sie sprechen verschiedene Sprachen untereinander und verstehen sich nicht. Biete dem Sammler eine Frau, die schönste der Welt – er wird sie nicht bemerken; dem Liebenden eine Karriere – er wird sie mißachten; dem Geizigen etwas anderes als Geld – er wird nicht aufschauen von seiner Truhe. Läßt er sich aber verlocken, verläßt er die eine geliebte Leidenschaft um der anderen willen, so ist er verloren. Denn Muskeln, die man nicht gebraucht, zerfallen, Sehnen, die man jahrelang nicht gespannt, verknöchern, und wer zeitlebens Virtuose einer einzigen Leidenschaft war, Athlet eines einzigen Gefühls, ist Stümper und Schwächling auf jedem anderen Gebiet. Jedes zur Monomanie aufgepeitschte Gefühl vergewaltigt die anderen, gräbt ihnen das Wasser ab und läßt sie vertrocknen: aber ihre Reizwerte saugt es in sich. Alle Graduationen und Peripetien der Liebe, Eifersucht und Trauer, Erschöpfung und Ekstase, sind bei dem Geizigen in der Sparsucht, beim Sammler in der Sammelwut gespiegelt, denn jede absolute Vollkommenheit vereinigt die Summe der Gefühlsmöglichkeiten. Die Intensität der Einseitigkeit hat in ihren Emotionen die ganze Vielfalt der vernachlässigten Begehrungen. Hier setzen die großen Tragödien Balzacs ein. Der Geldmensch Nucingen, der Millionen gesammelt hat, an Klugheit überlegen allen Bankiers des Kaiserreichs, wird ein läppisches Kind in den Händen einer Dirne, der Dichter, der sich dem Journalismus hinwirft, wird zerrieben wie ein Korn unter dem Mühlstein. Ein Traumbild der Welt, ein jedes Symbol ist eifersüchtig wie Jehova und duldet keine anderen Leidenschaften neben sich. Und von diesen Leidenschaften ist keine größer und keine geringer, sie haben ebensowenig eine Rangordnung wie Landschaften oder Träume. Keine ist zu gering. „Warum sollte man nicht die Tragödie der Dummheit schreiben?“ sagt Balzac, „die der Verschämtheit, die der Ängstlichkeit, die der Langeweile?“ Auch sie sind bewegende, treibende Kräfte, auch sie bedeutsam, insofern sie nur genugsam intensiv sind, selbst die ärmlichste Lebenslinie hat Schwung und Schönheitsgewalt, sobald sie ungebrochen gerade fortstrebt oder ihr Schicksal ganz umkreist. Und diese Urkräfte – oder besser, diese tausend Proteusformen der wirklichen Urkraft – aus der Brust der Menschen zu reißen, sie zu heizen durch den Druck der Atmosphäre, sie peitschen zu lassen durch das Gefühl, sie zu berauschen an den Elixieren des Hasses und der Liebe, sie rasen zu lassen im Rausche, am Prellstein des Zufalls die einen zu zerschmettern, sie zusammenzupressen und auseinanderzureißen, Verbindungen herzustellen, Brücken zu schlagen zwischen den Träumen, zwischen dem Geizigen und dem Sammler, dem Ehrsüchtigen und dem Erotiker, rastlos das Parallelogramm der Kräfte zu verschieben, in jedem Schicksal den drohenden Abgrund von Wellenberg und Wellental aufzureißen, sie zu schleudern von unten nach oben und von oben nach unten, die Menschen wie Sklaven zu hetzen, nie sie ruhen zu lassen, sie zu schleppen wie Napoleon seine Soldaten durch alle Länder von Österreich wieder in die Vendée, über das Meer wieder nach Ägypten und nach Rom, durch das Brandenburger Tor und wieder vor den Abhang der Alhambra, über Sieg und Niederlage nach Moskau schließlich – die Hälfte unterwegs liegen zu lassen, zerschmettert von den Granaten oder unter dem Schnee der Steppen – die ganze Welt zuerst zu schnitzen wie Figuren, zu malen wie eine Landschaft und dann das Puppenspiel mit erregten Fingern zu beherrschen – das war seine, das war Balzacs Monomanie.

Denn er, Balzac, war selbst einer der großen Monomanen, wie er sie in seinem Werke verewigt hat. Enttäuscht, in allen seinen Träumen zurückgestoßen von einer rücksichtslosen Welt, die den Anfänger nicht mag und den Armen, grub er sich ein in seine Stille und schuf sich selbst ein Symbol der Welt. Eine Welt, die ihm gehörte, die er beherrschte und die mit ihm zugrunde ging. Wirkliches stürzte an ihm vorbei, und er griff nicht danach, er lebte eingeschlossen in seinem Zimmer, festgenagelt an den Schreibtisch, lebte in dem Wald seiner Gestalten, wie Elie Magus, der Sammler, zwischen seinen Bildern. Von seinem fünfundzwanzigsten Jahre an hat ihn die Wirklichkeit kaum – nur in Ausnahmen, die dann immer zu Tragödien wurden – anders interessiert als ein Material, als Brennstoff, um das Schwungrad seiner eigenen Welt zu treiben. Fast bewußt lebte er am Lebendigen vorbei, wie im ängstlichen Gefühle, daß eine Berührung dieser beiden Welten, der seinen und der der anderen, immer eine schmerzhafte werden müßte. Abends um acht Uhr ging er ermattet zu Bette, schlief vier Stunden und ließ sich um Mitternacht wecken; wenn Paris, die laute Umwelt, ihr glühendes Auge schloß, wenn Dunkel über das Rauschen der Gassen fiel, die Welt entschwand, begann die seine zu erstehen, und er baute sie auf, neben der anderen, aus ihren eigenen zerstückten Elementen, lebte durch Stunden einer fiebernden Ekstase, unablässig die ermattenden Sinne mit schwarzem Kaffee wieder aufpeitschend.

So arbeitete er zehn, zwölf, manchmal auch achtzehn Stunden, bis ihn irgend etwas aufriß aus dieser Welt, zurück in die eigene Wirklichkeit. In diesen Sekunden des Erwachens muß er jenen Blick gehabt haben, den Rodin ihm gab auf seiner Statue, dieses Aufgeschrecktsein aus tausend Himmeln und dieses Rückstürzen in eine vergessene Wirklichkeit, diesen entsetzlich grandiosen, fast schreienden Blick, diese um die fröstelnde Schulter das Kleid anstraffende Hand, die Gebärde eines vom Schlaf Gerüttelten, eines Somnambulen, dem jemand roh seinen Namen zugeschrien. Bei keinem Dichter ist die Intensität des Sichverlierens in sein Werk, der Glaube an die eigenen Träume stärker gewesen, die Halluzination so nahe der Grenze der Selbsttäuschung. Nicht immer wußte er die Erregung zu stoppen wie eine Maschine, das ungeheure kreisende Schwungrad jäh aufzuhalten, Spiegelschein und Wirklichkeit zu unterscheiden, eine scharfe Linie zu ziehen zwischen dieser und jener

Welt. Ein ganzes Buch hat man gefüllt mit Anekdoten, wie sehr er im Rausch der Arbeit an die Existenz seiner Gestalten glaubte, ein Buch mit oft drolligen und meist ein wenig grausigen Anekdoten. Ein Freund tritt ins Zimmer. Balzac stürzt ihm entsetzt entgegen: „Denk dir, die Unglückliche hat sich ermordet!" und merkt erst an dem entsetzten Zurückprallen seines Freundes, daß die Gestalt, von der er sprach, die Eugénie Grandet, nur in seinen Sternenkreisen je gelebt. Und was diese so andauernde, so intensive, so vollständige Halluzination von dem pathologischen Wahn eines Tollhäuslers unterscheidet, ist vielleicht nur die Identität der in dem äußeren Leben und in dieser neuen Wirklichkeit bestehenden Gesetze. Aber an Dauerhaftigkeit, an Zähigkeit und Abgeschlossenheit des Wahns war diese Versenkung die eines perfekten Monomanen, seine Arbeit war nicht Fleiß mehr, sondern Fieber, Rausch, Traum und Ekstase. Ein Palliativmittel der Bezauberung war sie, ein Schlafmittel, das ihn seinen Lebenshunger vergessen lassen sollte. Er selbst, zum Genießer, zum Verschwender befähigt wie keiner, hat zugestanden, daß diese fieberhafte Arbeit ihm nichts war als ein Mittel zum Genuß. Denn ein so zügellos Begehrender konnte, wie die Monomanen seiner Bücher, auf jede andere Leidenschaft nur verzichten, weil er sie ersetzte. All die Aufpeitschungen des Lebensgefühls, Liebe, Ehrsucht, Spiel, Reichtum, Reisen, Ruhm und Siege konnte er missen, weil er siebenfaches Surrogat in seinem Schaffen fand. Die Sinne sind töricht wie Kinder. Sie können das Echte vom Falschen, Trug von der Wirklichkeit nicht unterscheiden.

Sie wollen nur gefüttert sein, gleichviel mit Erlebnis oder Traum. Und Balzac hat seine Sinne ein Leben lang betrogen, indem er ihnen Genüsse vorlog, statt sie ihnen hinzuwerfen, er sättigte ihren Hunger mit dem Duft der Gerichte, die er ihnen versagen mußte. Sein Erlebnis war das leidenschaftliche Beteiligtsein an den Genüssen seiner Kreaturen. Denn er war es ja, der jetzt die zehn Louis hinwarf auf den Spieltisch, zitternd stand,während die Roulette sich drehte, der jetzt die klingende Flut der Gewinste mit heißen Fingern einstrich, er war es, der jetzt im Theater den großen Sieg erfocht, der jetzt mit Brigaden die Höhen stürmte, mit Pulverminen die Börse in ihren Grundfesten erbeben ließ; alle die Lüste seiner Kreaturen gehörten ja ihm, sie waren die Ekstasen, in denen sein äußerlich so armes Leben sich verzehrte. Er spielte mit diesen Menschen so wie Gobsec, der Wucherer, mit den Gequälten, die hoffnungslos zu ihm kamen, um sich Geld auszuborgen, die er aufschnellen ließ an seiner Angel, deren Schmerz, Lust und Qual er nur prüfend mitansah als das mehr oder minder talentvolle Sichgebärden von Schauspielern. Und sein Herz spricht unter dem schmutzigen Kittel Gobsecs: „Glauben Sie, daß es nichts bedeutet, wenn man so in die verborgensten Falten des menschlichen Herzens eindringt, wenn man so tief darin eindringt und es in seiner Nacktheit vor sich hat?“ Denn er, der Zauberer des Willens, schmolz Traum zu Leben um. Man erzählt von ihm, daß er in seiner Jugend, als er in seiner Mansarde trockenes Brot, seine ärmliche Mahlzeit, verzehrte, sich auf den Tisch mit Kreide die Randspur von Tellern gezeichnet habe und in ihre Mitte die Namen der erlesensten Lieblingsgerichte geschrieben, um so im trockenen Brot nur durch die Suggestion des Willens den Geschmack der verschwenderischesten Speisen zu spüren. Und so wie er hier den Geschmack zu schmecken meinte, wie er ihn wirklich schmeckte, so hat er sicherlich alle Reize des Lebens in den Elixieren seiner Bücher unbändig in sich getrunken, so eigene Armut betrogen mit dem Reichtum und der Verschwendung seiner Knechte. Er, der ewig von Schulden Gehetzte, von Gläubigern Gequälte, empfand sicherlich einen geradezu sinnlichen Reiz, wenn er hinschrieb: Hunderttausend Francs Rente. Er war es, der in den Bildern von Elie Magus wühlte, der diese beiden Gräfinnen liebte als ihr Vater Goriot, der gipfelhoch mit Seraphitus über die niegesehenen Fjorde Norwegens aufstieg, der mit Rubempré die bewundernden Blicke der Frauen genoß, er, er selbst war es, für den er aus all diesen Menschen die Lust wie Lava aufschießen ließ, denen er Glück und Schmerz aus den hellen und dunklen Kräutern der Erde braute. Kein Dichter war je mehr Mitgenießer seiner Gestalten.

Gerade an jenen Stellen, wo er den Zauber des so sehr ersehnten Reichtums schildert, spürt man stärker als in den erotischen Abenteuern den Rausch des Selbstbezauberten, die Haschischträume des Einsamen. Das ist seine innerste Leidenschaft, dieses Auf- und Abströmen von Zahlen, dieses gierige Gewinnen und Zerrinnen von Summen, dieses Schleudern von Kapitalien von Hand zu Hand, das Schwellen der Bilanzen, der Wettersturz der Werte, diese Stürze und Aufstiege ins Grenzenlose. Millionen läßt er wie Ungewitter über Bettler hereinbrechen, Kapitale wieder in weichen Händen wie Quecksilber zerrinnen, mit Wollust malt er die Paläste der Faubourgs, die Magie des Geldes. Die Worte Millionen, Milliarden, das ist immer hingestammelt mit jenem ohnmächtigen Nicht-mehr-sprechen-Können, dem Röcheln letzten sinnlichen Begehrens. Voluptuös wie die Frauen eines Serails sind die Prunkstücke der Gemächer gereiht, wie wertvolle Kronjuwelen die Insignien der Macht ausgebreitet. Bis in seine Manuskripte hat sich dieses Fieber eingebrannt. Man kann sehen, wie die anfangs ruhigen und zierlichen Zeilen aufschwellen gleich den Adern eines Zornigen, wie sie taumeln, rascher werden, wie sie rasend sich überhetzen, befleckt von den Spuren des Kaffees, mit dem er die ermatteten

Nerven vorwärtspeitschte, hört fast das rastlose, ratternde Keuchen der überhitzten Maschine, den fanatischen, maniakalischen Krampf ihres Schöpfers, diese Gier des Don Juan du verbe, des Menschen, der alles besitzen will und alles haben. Und sieht den nochmaligen impetuosen Ausbruch des ewig Ungenügsamen in den Korrekturbogen, deren starres Gefüge er immer wieder aufriß wie der Fiebernde seine Wunde, um noch einmal das rote pochende Blut der Zeilen durch den schon starren, erkalteten Körper zu jagen.

Solche titanische Arbeit bliebe unverständlich, wäre sie nicht Wollust gewesen und noch mehr: der einzige Lebenswille eines asketisch allen anderen Machtformen entsagenden Menschen, eines Leidenschaftlichen, dem die Kunst die einzige Möglichkeit der Entäußerung war. Einmal, zweimal hatte er ja flüchtig in anderem Material geträumt. Er hatte sich im praktischen Leben versucht, zum erstenmal, als er, verzweifelnd am Schaffen, die wirkliche Geldgewalt wollte, Spekulant wurde, eine Druckerei gründete und eine Zeitung; aber mit jener Ironie, die das Schicksal immer für Abtrünnige bereit hat, hat er, der in seinen Büchern alles kannte, die Coups der Börsenleute, die Raffinements der kleinen und der großen Geschäfte, die Schliche der Wucherer, der jedem Ding seinen Wert wußte, der Hunderten von Menschen in seinen Werken die Existenz errichtet, ein Vermögen mit richtigem, logischem Aufbau gewonnen hatte, er selbst, der Grandet, Popinot, Grevel, Goriot, Bridau, Nucingen, Wehrbrust und Gobsec reich gemacht hat, er selbst hat sein Kapital verloren, ist schmählich zugrunde gegangen, und nichts blieb ihm als jenes furchtbare Bleigewicht von Schulden, die er dann stöhnend auf seinen breiten Lastträgerschultern das halbe Jahrhundert seines Lebens weiterschleppte, Helote der unerhörtesten Arbeit, unter der er eines Tages mit zersprengten Adern lautlos zusammenbrach. Die Eifersucht der verlassenen Leidenschaft, der einzigen, der er sich hingegeben hatte, der Kunst, hat sich furchtbar an ihm gerächt. Selbst die Liebe, den andern ein wunderbarer Traum über ein Erlebtes und Wirkliches, wurde bei ihm erst Erlebnis aus einem Traum. Frau von Hanska, seine spätere Gattin, die étrangère, der jene berühmten Briefe galten, war von ihm leidenschaftlich schon geliebt, ehe er in ihre Augen gesehen, war damals schon geliebt von ihm, als sie noch Unwirklichkeit war, wie die fille aux yeux d'or, wie die Delphine und die Eugénie Grandet. Für den wahrhaften Schriftsteller ist jede andere Leidenschaft als die des Schaffens, des Erträumens eine Abirrung. „L'homme des lettres doit s'abstenir des femmes, elles font perdre son temps, on doit se borner à leur écrire, cela forme le style", sagte er zu Théophile Gautier. Im innersten liebte er auch nicht Frau von Hanska, sondern die Liebe zu ihr, liebte nicht die Situationen, die ihm begegneten, sondern die er sich erschuf, er fütterte den Hunger nach Wirklichkeit so lange mit Illusionen, spielte so lange in Bildern und Kostümen, bis er, wie die Schauspieler in den erregtesten Momenten, selbst an seine Leidenschaft glaubte. Unermüdlich hat er dieser Leidenschaft des Schaffens gefrönt, den inneren Verbrennungsprozeß so lange beschleunigt, bis die Flamme aufschlug und nach außen brach, bis er zugrunde ging. Mit jedem neuen Buch schrumpfte, wie die magische Elentiershaut seiner mystischen Novelle, bei jedem so betätigten Wunsch sein Leben zusammen, und er unterlag seiner Monomanie wie der Spieler den Karten, der Trinker den Weinen, der Haschischträumer der verhängnisvollen Pfeife und der Wollüstling den Frauen. Er ging an der überreichen Erfüllung seiner Wünsche zugrunde.

Es ist ein nur Selbstverständliches, daß ein dermaßen kolossalischer Wille, der Träume so mit Blut und Lebendigkeit erfüllte, in seiner eigenen Magie das Geheimnis des Lebens sah und sich selbst zum Weltgesetz erhob. Eine eigentliche Philosophie konnte der nicht haben, der nichts von sich verriet, vielleicht nichts mehr war als ein Wandelhaftes, der keine Gestalt hatte wie Proteus, weil er alle in sich verkörperte, der wie ein Derwisch, ein flüchtiger Geist, in die Körper von tausend Gestalten unterschlüpfte und sich verlor in den Irrgängen ihres Lebens, jetzt mit dem einen Optimist, jetzt Altruist, jetzt Pessimist und Relativist, der alle Meinungen und Werte in sich ein- und ausschalten konnte wie elektrische Ströme. Wahrhaft und unabänderlich mußte ihm nur der ungeheure Wille sein, dieses Zauberwort Sesam, das ihm, dem Fremden, die Felsen vor der unbekannten Menschenbrust aufsprengte, ihn hinabführte in die finsteren Abgründe ihres Gefühls und ihn von dort, beladen mit dem Edelsten ihres Erlebens, wieder aufsteigen ließ. Er mußte mehr als ein anderer geneigt sein, dem Willen eine über das Geistige ins Materielle hinüberwirkende Gewalt zuzuschreiben, ihn als Lebensprinzip und Weltgebot zu empfinden. Ihm war bewußt, daß der Wille, dieses Fluidum, das, ausstrahlend von einem Napoleon, die Welt erschütterte, das Reiche stürzte, Fürsten erhob, Millionen Schicksale verwirrte, daß dieser reine atmosphärische Druck eines Geistigen nach außen sich auch im Materiellen manifestieren müßte, die Physiognomie modellieren, einströmen in die Physis des ganzen Körpers. Denn so wie eine momentane Erregung bei jedem Menschen den Ausdruck fördert, brutale und selbst stumpfsinnige Züge verschönt und charakterisiert, um wieviel mehr mußte ein andauernder Wille, eine chronische Leidenschaft das Material der Züge herausmeißeln. Ein Gesicht war für Balzac ein versteinerter Lebenswille, eine in Erz gegossene Charakteristik, und so wie der Archäologe aus den versteinerten Resten eine ganze Kultur zu erkennen hat, so schien es ihm Erfordernis des Dichters, aus einem Antlitz und aus der um einen Menschen lagernden Atmosphäre seine innere Kultur zu erkennen. Diese Physiognomik ließ ihn die Lehre Galls lieben, seine Topographie der im Gehirn gelagerten Fähigkeiten, ließ ihn Lavater studieren, der ebenfalls im Gesichte nichts anderes sah als den Fleisch und Bein gewordenen Lebenswillen, den nach außen gestülpten Charakter. Alles, was diese Magie, die geheimnisvolle Wechselwirkung des Innerlichen und Äußerlichen betonte, war ihm erwünscht.

Er glaubte an Mesmers Lehre der magnetischen Übertragung des Willens von einem Medium in das andere, verkettete diese Anschauung mit den mystischen Vergeistigungen Svedenborgs, und all diese nicht ganz zur Theorie verdichteten Liebhabereien faßte er in der Lehre seines Lieblings, des Louis Lambert, zusammen, des chimiste de la volonté, jener seltsamen Gestalt eines früh Verstorbenen, die Selbstporträt und Sehnsucht nach innerer Vollendung sonderbar vereint. Ihm war jedes Gesicht eine zu enträtselnde Scharade. Er behauptete, in jedem Antlitz eine Tierphysiognomie zu erkennen, glaubte, den Todgeweihten an geheimen Zeichen bestimmen zu können, rühmte sich, jedem Vorübergehenden auf der Straße die Profession von seinem Antlitz, seinen Bewegungen, seiner Kleidung ablesen zu können. Diese intuitive Erkenntnis schien ihm aber noch nicht die höchste Magie des Blicks. Denn all dies umschloß nur das Seiende, das Gegenwärtige. Und seine tiefste Sehnsucht war, zu sein wie jene, die mit konzentrierten Kräften nicht nur das Momentane, sondern auch aus den Spuren das Vergangene, das Zukünftige aus den vorgestreckten Wurzeln aufspüren können, Bruder zu sein der Chiromanten, der Wahrsager, der Steller von Horoskopen, der „voyants", all derer, die, mit dem tieferen Blick der „seconde vue" begabt, das Innerlichste aus dem Äußerlichen, das Unbegrenzte aus den bestimmten Linien zu erkennen sich erboten, die aus den dünnen Streifen der Handfläche den kurzen Weg des zurückgelegten Lebens und den dunklen Pfad in das Zukünftige hinein weiterzuführen vermochten. Ein solcher magischer Blick ist nach Balzac nur jenem gegeben, der seine Intelligenz nicht in tausend Richtungen zersplittert hat, sondern – die Idee der Konzentrierung ist bei Balzac in ewiger Wiederkehr – in sich aufgespart einem einzigen Ziele entgegenwendet. Die Gabe der „seconde vue" ist nicht nur die des Zauberers und Sehers allein; „seconde vue", spontane visionäre Erkenntnis, dies unbezweifelbare Merkmal des Genies, haben die Mütter gegenüber ihren Kindern, Desplein hat sie, der Arzt, der aus der verworrenen Qual eines Kranken sofort die Ursache seines Leidens und die vermutliche Grenze seiner Lebensdauer bestimmt, der geniale Feldherr

Napoleon, der die Stelle sofort erkennt, wo er die Brigaden hinschleudern muß, um das Schicksal der Schlacht zu entscheiden; Marsay, der Verführer, besitzt sie, der die flüchtige Sekunde aufgreift, in der er eine Frau zu Fall bringen kann, Nucingen, der Börsenspieler, der den großen Börsencoup im richtigen Momente zur Explosion bringt; alle diese Astrologen des Himmels der Seele haben ihre Wissenschaft dank des nach innen dringenden Blicks, der wie durch ein Perspektiv Horizonte sieht, wo das unbewaffnete Auge nur ein graues Chaos unterscheidet. Hierin schlummert die Affinität zwischen der Vision des Dichters und der Deduktion des Gelehrten, dem rapiden, spontanen Begreifen und dem langsamen, logischen Erkennen. Balzac, dem sein [a]eigener intuitiver Überblick selbst unbegreiflich werden und der oft erschreckt mit fast irrem Blick sein Werk überschauen mußte wie ein Unbegreifliches, war gezwungen zu einer Philosophie des Inkommensurablen, einer Mystik, der der landläufige Katholizismus eines de Maistre nicht mehr genügte. Und dieses Korn Magie, das seinem innersten Wesen beigemengt war, diese Unbegreiflichkeit, die seine Kunst nicht nur Chemie des Lebens sein läßt, sondern Alchimie, ist sein Grenzwert gegen die Späteren, gegen die Nachahmer, gegen Zola besonders, der Stein um Stein zusammenraffte, wo Balzac nur den Zauberring drehte, und schon ein Palast mit tausend Fenstern sich aufbaute. So ungeheuer die Energie seines Werkes ist, der erste Eindruck bleibt doch immer der von Zauberei und nicht von Arbeit, nicht der eines Ausborgens vom Leben, sondern eines Beschenkens und Bereicherns.

Denn Balzac – und dies schwebt wie eine undurchdringliche Wolke von Geheimnis um seine Gestalt – hat in den Jahren seines Schaffens nicht mehr studiert und experimentiert, nicht mehr das Leben beobachtet wie etwa Zola, der sich, ehe er einen Roman schrieb, ein Bordereau für jede einzelne Figur anlegte, nicht wie Flaubert, der Bibliotheken durchstöberte für ein fingerschmales Buch. Balzac kam selten wieder zurück in jene Welt, die außer der seinen lag, er war eingeschlossen in seine Halluzination wie in ein Gefängnis, angenagelt an den Marterstuhl der Arbeit, und was er mitbrachte, wenn er einen jener flüchtigen Ausflüge in die Wirklichkeit unternahm, wenn er ging, mit seinem Verleger zu kämpfen oder die Korrekturbogen in eine Druckerei zu bringen, bei einem Freunde zu speisen, oder die Bric-à-brac-Läden von Paris zu durchstöbern, war immer eher Bestätigung als Informierung. Denn damals, als er zu schreiben begann, war schon auf irgendeine geheimnisvolle Weise das Wissen des ganzen Lebens in ihn eingedrungen, lag gesammelt und aufgespeichert, und es ist vielleicht mit der fast mythischen Erscheinung Shakespeares das größte Rätsel der Weltliteratur, wie, wann und woher all diese ungeheuerlichen, aus allen Berufsklassen, Materien, Temperamenten und Phänomenen herbeigeholten Vorräte von Kenntnissen in ihn eingewachsen sind.

Drei, vier Jahre, Jünglingsjahre, war er in Berufen gestanden, bei einem Advokaten als Schreiber, dann als Verleger, als Student, aber in diesen paar Jahren muß er alles eingeschöpft haben, diese ganz unerklärliche, unübersehbare Fülle von Tatsachen, die Kenntnis aller Charaktere und Phänomene. Er muß unglaublich beobachtet haben in diesen Jahren. Sein Blick muß ein furchtbar saugender gewesen sein, ein gieriger, der alles, was ihm begegnete, vampirhaft nach innen riß, in ein Inneres, ein Gedächtnis, wo nichts vergilbte, nichts zerrann, nichts sich mischte oder verdarb, wo alles geordnet, gespart, getürmt lag, immer bereit und stets nach seiner wesentlichen Seite hin gekehrt, alles federnd und aufspringend, sobald er nur leise mit seinem Willen und Wunsche daran rührte. Alles hat Balzac gewußt, die Prozesse, die Schlachten, die Börsenmanöver, die Grundstückspekulationen, die Geheimnisse der Chemie, die Schliche der Parfumeure, die Kunstgriffe der Künstler, die Diskussionen der Theologen, den Betrieb der Zeitung, den Trug des Theaters und jener anderen Bühne, der Politik. Er hat die Provinz gekannt, Paris und die Welt, er, der connaisseur en flânerie, las wie in einem Buch in den krausen Zügen der Straßen, wußte bei jedem Hause, wann es gebaut war und von wem und für wen, enträtselte die Heraldik des Wappens über der Tür, eine ganze Epoche aus der Bauart und wußte gleichzeitig den Preis der Mieten, bevölkerte jedes Stockwerk mit Menschen, stellte Möbel in die Zimmer, füllte sie an mit einer Atmosphäre von Glück und Unglück und ließ vom ersten zum zweiten, vom zweiten zum dritten Stockwerk das unsichtbare Netz des Schicksals sich spinnen. Er hat eine enzyklopädische Kenntnis gehabt, wußte, wieviel ein Bild des Palma Vecchio wert ist, wieviel ein Hektar Weideland kostet, was eine Spitzenmasche, was ein Tilbury und ein Diener, er hat das Leben der Elegants gekannt, die, zwischen Schulden vegetierend, in einem Jahr zwanzigtausend Francs anbringen; und schlägt man zwei Seiten weiter, so ist es wieder die Existenz eines armseligen Rentiers, in dessen peinlich ausgetüfteltem Leben ein zerrissener Schirm, eine zerbrochene Fensterscheibe zur Katastrophe wird. Wieder ein paar Seiten, und nun ist er unter den ganz Armen, er geht ihnen nach, wie jeder seine paar Sous verdient, der arme Auvergnate, der Wasserträger, dessen Sehnsucht es ist, das Faß nicht selbst ziehen zu müssen, sondern ein kleines, kleines Pferd zu haben, der Student und die Näherin, alle diese fast vegetabilischen Existenzen der Großstadt. Tausend Landschaften stehen auf, jede ist bereit, hinter seine Schicksale zu treten, sie zu formen, und alle sind deutlicher in ihm nach einem Augenblick des Schauens, als anderen nach Jahren, die sie darin lebten. Alles hat er gewußt, was er einmal flüchtig mit dem Blick angerührt hat, und – merkwürdiges Paradoxon des Künstlers – er hat selbst das gewußt, was er gar nicht kannte, er hat die Fjorde Norwegens und die Wälle von Saragossa aus seinen Träumen wachsen lassen, und sie waren wie die Wirklichkeit. Ungeheuer ist diese Rapidität der Vision. Es war, als ob er nackt und klar das erkennen könnte, was die anderen umhängt und unter tausend Bekleidungen erblickten. Ihm war an allem ein Zeichen, zu allem ein Schlüssel, daß er die Außenfläche abtun konnte von den Dingen und sie ihm ihr Inneres zeigten. Die Physiognomien taten sich ihm auf, alles fiel in seine Sinne wie der Kern aus einer Frucht. Mit einem Ruck reißt er das Essentielle aus dem Faltenwerk des Unwesentlichen, aber nicht, daß er es freigräbt, langsam wühlend von Schicht zu Schicht, sondern wie mit Pulver sprengt er die goldenen Minen des Lebens auf. Und zugleich mit diesen wirklichen Formen faßt er auch das Unfaßbare, die gasförmig über ihnen schwebende Atmosphäre von Glück und Unglück, die zwischen Himmel und Erde schwebenden Erschütterungen, die nahen Explosionen, die Wetterstürze der Luft. Was den anderen eben nur Umriß ist, was sie sehen, kalt und ruhig wie unter einer gläsernen Vitrine, das fühlt seine magische Sensibilität wie in der Hülse des Thermometers als atmosphärischen Zustand.

Dieses ungeheure, unvergleichlich intuitive Wissen ist das Genie Balzacs. Was man dann noch den Künstler nennt, den Verteiler der Kräfte, den Ordner und Gestalter, den Zusammenhaltenden und Lösenden, den spürt man nicht so deutlich bei Balzac. Man wäre versucht zu sagen, er war gar nicht das, was man Künstler nennt, so sehr war er Genie. „Une telle force n'a pas besoin d'art." Das Wort gilt auch von ihm. Denn wirklich, hier ist eine Kraft, so grandios und so groß, daß sie wie die freiesten Tiere des Urwaldes der Zähmung widerstrebt, sie ist schön wie ein Gestrüpp, ein Sturzbach, ein Gewitter, wie alle jene Dinge, deren ästhetischer Wert einzig in der Intensität ihres Ausdrucks besteht. Ihre Schönheit bedarf nicht der Symmetrie, der Dekoration, der nachhelfenden, sorglichen Verteilung, sie wirkt durch die ungezügelte Vielfalt ihrer Kräfte. Balzac hat seine Romane nie genau komponiert, er hat sich in ihnen verloren wie in einer Leidenschaft, in den Schilderungen, im Wort gewühlt wie in Stoffen oder nacktem blühendem Fleisch.

Er reißt Gestalten auf, hebt sie von allen Ständen, Familien, von allen Provinzen Frankreichs aus, wie Napoleon seine Soldaten, teilt sie in Brigaden, macht den einen zum Reiter, stellt den anderen zu den Kanonen und den dritten zum Train, schüttet Pulver auf die Pfannen ihrer Gewehre und überläßt sie dann ihrer inneren ungebändigten Kraft. Die „Comédie humaine" hat trotz der schönen – aber nachträglichen! – Vorrede keinen inneren Plan. Sie ist planlos, wie das Leben ihm selbst planlos erschien, sie zielt nicht auf eine Moral hin und nicht auf eine Übersicht, sie will als Wandelndes das ewig sich Wandelnde zeigen; in all diesem Ebben und Fluten ist keine dauernde Kraft, sondern nur jene unkörperliche, wie aus Wolken und Licht gewebte Atmosphäre, die man Epoche nennt. Dieses neuen Kosmos einziges Gesetz wäre, daß alle die Menschen, deren unbeständige Vereinung erst die Epoche ausmacht, ebenso von der Epoche geschaffen werden, daß ihre Moral, ihre Gefühle ebenso Produkte sind wie sie selbst. Daß, was in Paris Tugend genannt wird, hinter den Azoren ein Laster sei, daß für nichts feste Werte vorhanden seien und daß leidenschaftliche Menschen die Welt so werten müssen, wie Balzac sie die Frau werten läßt: daß sie immer wert sei, was sie ihn koste. Aufgabe des Dichters, dem – schon weil er selbst nur Produkt, Kreatur seiner Zeit ist – versagt ist, das Bleibende aus diesem Wandel zu gewinnen, kann nur sein, den atmosphärischen Druck, den geistigen Zustand seiner Epoche zu schildern, das Wechselspiel der gemeinsamen Kräfte. Meteorologe der sozialen Luftströmungen, Mathematiker des Willens, Chemiker der Leidenschaften, Geologe der nationalen Urformen – ein vielfältiger Gelehrter zu sein, der mit allen Instrumenten den Körper seiner Zeit durchdringt und behorcht, und gleichzeitig ein Sammler aller Tatsachen, ein Maler ihrer Landschaften, ein Soldat ihrer Ideen, das zu sein ist Balzacs Ehrgeiz, und darum war er so unermüdlich im Verzeichnen ebenso der grandiosen wie der infinitesimalen Dinge. Und so ist sein Werk nach dem Dauerwort Taines das größte Magazin menschlicher Dokumente seit Shakespeare geworden. Balzac will nicht am Einzelwerk gemessen werden, sondern am Ganzen, will betrachtet sein wie eine Landschaft mit Berg und Tal, unbegrenzter Ferne, verräterischen Klüften und raschen Strömen. Mit ihm beginnt – man könnte fast sagen, hört auch auf, wäre nicht Dostojewski gekommen – der Gedanke des Romans als Enzyklopädie der inneren Welt. Die Dichter vor ihm wußten nur zweierlei, um den schläfrigen Motor der Handlung nach vorne zu treiben: sie statuierten entweder den von außen wirkenden Zufall, der wie ein scharfer Wind sich in die Segel legte und das Fahrzeug nach vorne trieb, oder sie wählten als die von innen treibende Kraft einzig den erotischen Trieb, die Peripetien der Liebe. Balzac nun hat eine Transponierung des Erotischen vorgenommen. Für ihn gab es zweierlei Begehrende (und wie gesagt, nur die Begehrenden, die Ambitiösen haben ihn interessiert): die Erotiker im eigentlichen Sinne, ein paar

Männer also und fast alle Frauen, deren Sternbild einzig die Liebe ist, die unter ihm geboren werden und zugrunde gehen. Daß aber alle diese in der Erotik ausgelösten Kräfte nicht die einzigen seien, daß die Peripetien der Leidenschaft auch bei anderen Menschen nicht um ein Gran vermindert und, ohne daß die treibende Urkraft zerstäube oder zersplittere, in anderen Formen, in anderen Symbolen erhalten seien, durch diese tätige Erkenntnis hat der Roman Balzacs eine ungeheuerliche Vielfalt gewonnen.

Aber noch aus einer zweiten Quelle hat Balzac ihn mit Wirklichkeit gespeist: er hat das Geld in den Roman gebracht. Er, der keine absoluten Werte anerkannte, beobachtete als Statistiker des Relativen genau die äußeren, die moralischen, politischen, ästhetischen Werte der Dinge und vor allem jenen allgemein gültigen Wert der Objekte, der sich in unseren Tagen fast dem absoluten nähert: den Geldwert. Seit die Vorrechte der Aristokratie gefallen sind, seit der Nivellierung der Unterschiede ist das Geld zum Blute, zur treibenden Kraft des sozialen Lebens geworden. Jedes Ding ist durch seinen Wert, jede Leidenschaft durch ihre materiellen Opfer, jeder Mensch durch sein äußeres Einkommen bestimmt. Zahlen sind die Gradmesser für gewisse atmosphärische Zustände des Gewissens, die Balzac zu erforschen sich zur Aufgabe gesetzt hat. Und Geld kreist in seinen Romanen. Nicht nur das Anwachsen und Hinstürzen der großen Vermögen, die wilden Spekulationen der Börse sind geschildert, nicht nur die großen Schlachten, in denen ebensoviel Energie verausgabt wird wie bei Leipzig und Waterloo, nicht nur diese zwanzig Typen der Gelderraffer aus Geiz, Haß, Verschwendungslust, Ambition, nicht nur jene Menschen, die das Geld um des Geldes willen lieben, und die, welche es um des Symbols willen lieben, und die wieder, denen es nur Mittel zu ihren Zwecken ist, sondern Balzac hat als der Erste und Kühnste an tausend Beispielen gezeigt, wie das Geld selbst in die edelsten, feinsten und immateriellsten Empfindungen eingesickert ist. Alle seine Menschen rechnen, wie wir es unwillkürlich im Leben tun. Seine Anfänger, die nach Paris kommen, wissen rasch, was ein Besuch der guten Gesellschaft kostet, eine elegante Gewandung, blanke Schuhe, ein neuer Wagen, eine Wohnung, ein Diener, tausend Kleinigkeiten und Kleinlichkeiten, die alle bezahlt und erlernt sein wollen.

Sie kennen die Katastrophen, verachtet zu werden um einer unmodischen Weste willen, sie haben bald heraus, daß nur Geld oder der Schein des Geldes die Türen sprengt, und aus diesen kleinen unablässigen Demütigungen wachsen dann die großen Leidenschaften und die zähe Ambition. Und Balzac geht mit ihnen. Er rechnet den Verschwendern ihre Ausgaben nach, den Wucherern ihre Prozente, den Kaufleuten ihre Verdienste, den Dandys ihre Schulden, den Politikern ihre Bestechungen. Die Summen sind die Gradziffern der aufsteigenden Unruhegefühle, der Barometerdruck der nahenden Katastrophen. Da Geld der materielle Niederschlag des universellen Ehrgeizes war, da es eindrang in alle Gefühle, so mußte er, der Pathologe des sozialen Lebens, um die Krisen des kranken Leibes zu erkennen, die Mikroskopie des Blutes unternehmen, den Geldgehalt desselben gewissermaßen feststellen. Denn aller Leben ist damit gesättigt, es ist Sauerstoff für die gehetzten Lungen, keiner kann es entbehren, der Ehrgeiz nicht für seinen Ehrgeiz, der Liebende nicht für sein Glück und am wenigsten der Künstler, das hat er selbst am besten gewußt, auf dessen Schultern die Schuld von hunderttausend Francs sich türmte, dieses furchtbare Gewicht, das er oft flüchtig – in der Ekstase der Arbeit – wegschleuderte von seinen Schultern und das schließlich zerschmetternd auf ihn niederfiel. Unübersehbar ist sein Werk. In den achtzig Bänden steht eine Zeit, eine Welt, eine Generation. Nie vorher ist bewußt ein so Gewaltiges versucht worden, nie wurde die Vermessenheit eines übergroßen Willens besser belohnt. Den Genießenden, den Ausruhenden, die am Abend, aus ihrer engen Welt flüchtend, neue Bilder und neue Menschen wollen, ist Erregung und ein wandelnd Spiel gegeben, den Dramatikern Stoff für hundert Tragödien, den Gelehrten – lässig hingeworfen wie Brocken vom Tisch eines Übersättigten – eine Fülle von Problemen und Anregungen, den Liebenden eine geradezu vorbildliche Glut der Ekstase. Am gewaltigsten aber ist die Erbschaft für die Dichter. In dem Entwurf der „Comédie humaine“ stehen nebst den vollendeten noch vierzig unvollendete, ungeschriebene Romane, Moskau heißt der eine, jener die Ebene von Wagram, ein anderer gilt dem Kampf um Wien und wieder einer dem Leben der Passion. Fast ist es ein Glück, daß nicht alle diese zu Ende gelangt sind. Balzac hat einmal gesagt: „Genie ist derjenige, der jederzeit seine Gedanken in Tat umsetzen kann. Aber das ganz große Genie entfaltet nicht unablässig diese Tätigkeit, sonst würde es Gott zu sehr gleichen.“ Denn hätte er alle diese vollenden dürfen, den Kreis der Leidenschaften und Geschehnisse ganz in sich zurückführen, sein Werk wäre ins Unbegreifliche gewachsen. Es wäre ein Ungeheures geworden, eine Abschreckung für alle Späteren durch seine Unerreichbarkeit, während es so – ein Torso ohnegleichen – die ungeheuerste Aneiferung, das grandioseste Beispiel ist für jeden schöpferischen Willen zum Unerreichbaren.

Dickens

Nein, man soll nicht Bücher und Biographen befragen, wie sehr Charles Dickens von seinen Zeitgenossen geliebt worden ist. Liebe lebt atmend nur im gesprochenen Wort. Man muß es sich erzählen lassen, am besten von einem Engländer, der mit seinen Jugenderinnerungen noch zurückreicht bis an jene Zeit der ersten Erfolge, von einem derer, die sich noch immer nicht nach nun fünfzig Jahren entschließen können, den Dichter des „Pickwick" Charles Dickens zu nennen, sondern ihm unentwegt seinen alten vertraulicheren, innigeren Necknamen „Boz" geben. An ihrer wehmütig rücksinnenden Rührung kann man den Enthusiasmus der Tausende messen, die damals mit ungestümem Entzücken jene blauen, monatlichen Romanhefte empfangen hatten, die heute, ein Rarissimum für den Bibliophilen, in Fächern und Schränken gilben. Damals – so erzählte mir einer dieser „old Dickensians" – konnten sie es am Posttage niemals über sich bringen, den Boten zu Hause abzuwarten, der endlich, endlich das neue blaue Heft von Boz im Bündel trug. Einen ganzen Monat hatten sie danach gehungert, hatten geharrt, gehofft, gestritten, ob Copperfield die Dora heiraten werde oder die Agnes, hatten sich gefreut, daß Micawbers Verhältnisse wieder zu einer Krisis gelangt waren – wußten sie doch, er werde sie mit heißem Punsch und guter Laune heroisch überwinden! –, und nun sollten sie noch warten, warten, bis der Postbote auf der schläfrigen Kutsche kam und ihnen all diese heiteren Scharaden auflöste? Das konnten sie nicht, es ging einfach nicht.

Und alle, die Alten wie die Jungen, wanderten Jahr für Jahr am fälligen Tage dem Briefboten zwei Meilen entgegen, nur um ihr Buch früher zu haben. Im Heimwandern schon fingen sie an zu lesen, einer guckte dem andern über die Schulter ins Blatt, andere lasen laut vor, und nur die Gutmütigsten liefen mit langen Beinen zurück, um die Beute rascher zu Frau und Kind zu bringen. So wie dieses Städtchen hat damals jedes Dorf, jede Stadt, das ganze Land und darüber hinaus die in allen Erdteilen gesiedelte englische Welt Charles Dickens geliebt; hat ihn geliebt von der ersten Stunde der Begegnung bis zur letzten seines Lebens. Nie im neunzehnten Jahrhundert hat es irgendwo ein ähnlich unwandelbares herzliches Verhältnis zwischen einem Dichter und seiner Nation gegeben. Wie eine Rakete schoß dieser Ruhm auf, aber er losch nie aus, er blieb wie eine Sonne wandellos leuchtend über der Welt. Vom ersten Heft der „Pickwickier" wurden 400 Exemplare gedruckt, vom fünfzehnten bereits 40 000: mit solcher Lawinenmacht stürzte sein Ruhm nieder in seine Zeit. Nach Deutschland bahnte er sich schnell den Weg, Hunderte und Tausende kleiner Groschenhefte säten Lachen und Freude in die Furchen selbst der verwittertsten Herzen; nach Amerika, Australien und Kanada wanderte der kleine Nikolaus Nickleby, der arme Oliver Twist und die tausend anderen Gestalten dieses Unerschöpflichen. Heute sind schon Millionen Bücher von Dickens im Umlauf, große, kleine, dicke und dünne Bände, billige Ausgaben für die Armen und die teuerste Ausgabe drüben in Amerika, die je von einem Dichter veranstaltet worden ist (dreimalhunderttausend Mark, glaube ich, kostet sie: diese Ausgabe für Milliardäre), aber in all den Büchern nistet heute wie damals noch immer das selige Lachen, um aufzuflattern wie ein zwitschernder Vogel, sobald man die ersten Blätter gewendet hat. Beispiellos ist die Beliebtheit dieses Autors gewesen: wenn sie sich im Laufe der Jahre nicht steigerte, so war es nur, weil die Leidenschaft keine höheren Möglichkeiten mehr kannte. Als Dickens sich entschloß, öffentlich zu lesen, als er zum erstenmal seinem Publikum Auge in Auge entgegentrat, war England im Taumel.

Man stürmte die Säle, pfropfte sie voll, an den Säulenpfeilern klammerten sich Enthusiasten an, krochen unter sein Podium, nur um den geliebten Dichter hören zu können. In Amerika schliefen die Leute bei bitterster Winterkälte auf mitgebrachten Matratzen vor den Kassen, Kellner brachten ihnen das Essen aus den benachbarten Restaurants, aber der Andrang wurde unaufhaltsam. Alle Säle wurden zu klein, und man räumte schließlich dem Dichter in Brooklyn eine Kirche ein als Vorlesesaal. Von der Kanzel las er die Abenteuer Oliver Twists und die Geschichte der kleinen Neil. Launenlos war dieser Ruhm, er drängte Walter Scott zur Seite, überschattete ein Leben lang das Genie Thackerays; und als die Flamme erlosch, als Dickens starb, ging es wie ein Riß durch die ganze englische Welt. Auf der Straße erzählten es Fremde einander, Bestürzung verstörte London wie nach einer verlorenen Schlacht. Zwischen Shakespeare und Fielding bettete man ihn, in Westminster Abbey, dem Pantheon Englands; Tausende strömten hinzu, und tagelang war die schlichte Gedenkstätte überflutet von Blumen und Kränzen. Und noch heute, nach vierzig Jahren, kann man selten vorübergehen, ohne ein paar von dankbarer Hand hingestreute Blüten zu finden: der Ruhm und die Liebe ist nicht gewelkt in all den Jahren. Heute wie damals in jener Stunde, da England dem Ahnungslosen, dem Namenlosen das unverhoffte Geschenk des Weltruhms in die Hand drückte, ist Charles Dickens der geliebteste, umworbenste und gefeierteste Erzähler der ganzen englischen Welt.

Eine so ungeheuerliche, gleicherweise in die Breite wie in die Tiefe dringende Wirkung eines dichterischen Werkes kann nur durch das seltene Zusammentreffen zweier meist widerstrebender Elemente Wirklichkeit werden: durch die Identität eines genialen Menschen mit der Tradition seiner Zeit. Im allgemeinen wirken das Traditionelle und das Geniale gegeneinander wie Wasser und Feuer. Ja, es ist beinahe das Merkzeichen des Genies, daß es als verkörperte Seele einer werdenden Tradition die vergangene befeindet, daß es als Ahnherr eines neuen Geschlechtes dem absterbenden Blutfehde ansagt. Ein Genie und seine Zeit sind wie zwei Welten, die zwar Licht und Schatten miteinander tauschen, aber in anderen Sphären schwingen, die sich auf ihren kreisenden Bahnen begegnen, aber nie vereinen. Hier ist nun jene seltene Sekunde des Sternenhimmels, wo der Schatten des einen Gestirns die leuchtende Scheibe des anderen so ausfüllt, daß sie sich identifizieren: Dickens ist der einzige große Dichter des Jahrhunderts, dessen innerste Absicht sich ganz mit dem geistigen Bedürfnis seiner Zeit deckt. Sein Roman ist absolut identisch mit dem Geschmack des damaligen England, sein Werk ist die Materialisierung der englischen Tradition: Dickens ist der Humor, die Beobachtung, die Moral, die Ästhetik, der geistige und künstlerische Gehalt, das eigenartige und uns oft fremde, oft sehnsüchtig-sympathische Lebensgefühl von sechzig Millionen Menschen jenseits des Ärmelkanals. Nicht er hat dieses Werk gedichtet, sondern die englische Tradition, die stärkste, reichste, eigentümlichste und darum auch gefährlichste der modernen Kulturen. Man darf ihre vitale Kraft nicht unterschätzen. Jeder Engländer ist mehr Engländer als der Deutsche Deutscher. Das Englische liegt nicht wie ein Firnis, wie eine Farbe über dem geistigen Organismus des Menschen, es dringt ins Blut, wirkt regelnd ein auf seinen Rhythmus, durchpulst das Innerste und Geheimste, das Ureigenste im Individuum: das Künstlerische. Auch als Künstler ist der Engländer mehr rassepflichtig als der Deutsche oder Franzose. Jeder Künstler in England, jeder wahrhafte Dichter hat darum mit dem Englischen in sich gerungen; aber selbst inbrünstigster, verzweifeltster Haß haben es nicht vermocht, die Tradition niederzuzwingen. Sie reicht mit ihren feinen Adern zu tief hinab ins Erdreich der Seele: und wer das Englische ausreißen will, zerreißt den ganzen Organismus, verblutet an der Wunde. Ein paar Aristokraten haben es, voll Sehnsucht nach freiem Weltbürgertum, gewagt: Byron, Shelley, Oskar Wilde haben den Engländer in sich vernichten wollen, weil sie das Ewig-Bürgerliche im Engländer haßten. Aber sie zerfetzten nur ihr eigenes Leben. Die englische Tradition ist die stärkste, die siegreichste der Welt, aber auch die gefährlichste für die Kunst. Die gefährlichste, weil sie heimtückisch ist: keine frostige Öde ist sie, nicht unwirtlich oder ungastlich, sie lockt mit warmem Herdfeuer und sanfter Bequemlichkeit, aber sie zäunt ein mit moralischen Grenzen, sie beengt und regelt und verträgt sich übel mit dem freien künstlerischen Trieb. Sie ist eine bescheidene Wohnung mit stockender Luft, geschützt vor den gefährlichen Stürmen des Lebens, heiter, freundlich und gastlich, ein echtes „home" mit allem Kaminfeuer bürgerlicher Zufriedenheit, aber doch ein Gefängnis für den, dessen Heimat die Welt, dessen tiefste Lust das nomadenhaft selige, abenteuerliche Schweifen im Unbegrenzten ist. Dickens hat sich behaglich in der englischen Tradition gemacht, hat sich häuslich eingerichtet in ihren vier Mauern. Er fühlte sich wohl in der heimatlichen Sphäre und hat nie, sein Leben lang, die künstlerische, moralische oder ästhetische Grenze Englands überschritten. Er war kein Revolutionär. Der Künstler in ihm vertrug sich mit dem Engländer, löste sich allmählich ganz in ihm auf. Sein Werk ist der unbewußte, Kunst gewordene Wille seiner Nation: und wenn wir die Intensität, die seltenen Vorzüge und die versäumten Möglichkeiten seiner Dichtung umgrenzen, rechten wir gleichzeitig immer mit England.

Dickens ist der höchste dichterische Ausdruck der englischen Tradition zwischen dem heroischen Jahrhundert Napoleons, der ruhmreichen Vergangenheit, und dem Imperialismus, dem Traum seiner Zukunft. Wenn er für uns nur ein Außerordentliches geleistet hat und nicht das Gewaltige, zu dem ihn sein Genie prädestinierte, so ist es nicht England, nicht die Rasse selbst, die ihn gehemmt hat, sondern der unverschuldete Augenblick: das viktorianische Zeitalter Englands. Auch Shakespeare war ja höchste Möglichkeit, poetische Erfüllung einer englischen Epoche: aber der elisabethanischen, des starken tatenfrohen, jünglinghaften, frischsinnlichen England, das zum erstenmal die Fänge nach dem Imperium mundi reckte, das heiß und vibrierend war von überschäumender Kraft. Shakespeare war der Sohn eines Jahrhunderts der Tat, des Willens, der Energie. Neue Horizonte waren aufgetaucht, in Amerika abenteuerliche Reiche gewonnen, der Erbfeind zerschmettert, von Italien her flackte das Feuer der Renaissance herüber in den nordischen Nebel, ein Gott, eine Religion waren abgetan, die Welt wieder anzufüllen mit neuen lebendigen Werten. Shakespeare war die Inkarnation des heroischen England, Dickens nur das Symbol des bourgeoisen. Er war loyaler Untertan der anderen Königin, der sanften, hausmütterlichen, unbedeutenden, old queen Victoria, Bürger eines prüden, behaglichen, geordneten Staatswesens ohne Elan und Leidenschaft. Sein Auftrieb war gehemmt durch die Schwere des Zeitalters, das nicht hungrig war, das nur verdauen wollte: schlaffer Wind nur spielte mit den Segeln seines Schiffes, trieb es nie fort von der englischen Küste zur gefährlichen Schönheit des Unbekannten, hinein in die pfadlose Unendlichkeit. Vorsichtigist er immer in der Nähe des Heimischen, Gewohnten und Althergebrachten geblieben: wie Shakespeare der Mut des gierigen, ist Dickens die Vorsicht des satten England. 1812 ist er geboren. Gerade wie seine Augen um sich greifen können, wird es dunkel in der Welt, die große Flamme verlischt, die das morsche Gebälk der europäischen Staaten zu vernichten drohte. Bei Waterloo zerschellt die Garde an der englischen Infanterie, England ist gerettet und sieht seinen Erbfeind auf ferner Insel einsam ohne Krone und Macht zugrunde gehen. Das hat Dickens nicht mehr miterlebt; er sieht nicht mehr die Flamme der Welt, den feurigen Schein von einem Ende Europas sich gegen das andere wälzen; sein Blick tappt in den Nebel Englands hinein.

Der Jüngling findet keine Helden mehr, die Zeit der Heroen ist vorüber. Ein paar in England wollen es freilich nicht glauben, sie wollen mit Gewalt und Enthusiasmus die Speichen der rollenden Zeit zurückreißen, der Welt den alten sausenden Schwung geben, aber England will Ruhe und stößt sie von sich. Sie flüchten der Romantik nach in ihre heimlichen Winkel, suchen aus armen Funken das Feuer wieder zu entfachen, aber das Schicksal läßt sich nicht zwingen. Shelley ertrinkt im Tyrrhenischen Meer, Lord Byron verbrennt im Fieber zu Missolunghi: die Zeit will keine Aventüren mehr. Aschfarben ist die Welt. Behaglich verschmaust England die noch blutige Beute; der Bourgeois, der Kaufmann, der Makler ist König und räkelt sich auf dem Thron wie auf einem Faulbett. England verdaut. Eine Kunst, die damals gefallen konnte, mußte digestiv sein, sie durfte nicht stören, nicht mit wilden Emotionen rütteln, nur streicheln und krauen, sie durfte nur sentimental sein und nicht tragisch. Man wollte nicht den Schauer, der die Brust wie ein Blitz spaltet, den Atem zerschneidet, das Blut einfrieren läßt – zu gut kannte man das vom wirklichen Leben, als die Gazetten aus Frankreich und Rußland kamen –, nur das Gruseln wollte man, das Schnurren und Spielen, das unablässig den farbigen Knäuel der Geschichten hin und her rollt. Kaminkunst wollten die Leute von damals, Bücher, die sich behaglich, während der Sturm an den Pfosten rüttelt, am Kamin lesen und die selbst so züngeln und knacken mit vielen kleinen ungefährlichen Flammen, eine Kunst, die das Herz wärmt wie Tee, nicht eine, die es freudig und lodernd berauschen will. So ängstlich sind die Sieger von vorgestern geworden – sie, die nur behalten möchten und bewahren, nichts mehr wagen und wandeln –, daß sie Angst haben vor ihrem eigenen starken Gefühl. In den Büchern wie im Leben wünschen sie nur wohltemperierte Leidenschaften, keine Ekstasen, die aufstürmen, immer nur normale

Gefühle, die sittsam promenieren. Glück wird in England damals identisch mit Beschaulichkeit, Ästhetik mit Sittsamkeit, und Sinnlichkeit wiederum mit Prüderie, Nationalgefühl mit Loyalität, Liebe mit Ehe. Alle Lebenswerte werden blutarm. England ist zufrieden und will keinen Wandel. Eine Kunst, die eine so satte Nation anerkennen kann, muß darum selbst irgendwie zufrieden sein, das Bestehende loben und nicht darüber hinaus wollen. Und dieser Wille nach einer behaglichen, freundlichen, einer digestiven Kunst findet sein Genie, wie einst das elisabethanische England seinen Shakespeare. Dickens ist das Schöpfung gewordene künstlerische Bedürfnis des damaligen England. Daß er im richtigen Augenblicke kam, schuf seinen Ruhm; daß er von diesem Bedürfnis überwältigt wurde, ist seine Tragik. Seine Kunst ist genährt von der hypokritischen Moral von der Behaglichkeit des satten England: und stände nicht eine so außerordentliche dichterische Kraft hinter seinem Werke, täuschte nicht sein glitzernder, goldfunkelnder Humor hinweg über die innere Farblosigkeit der Gefühle, so hätte er nur Wert in jener englischen Welt, wäre uns indifferent wie die Tausende von Romanen, die jenseits des Ärmelkanals von fingerfertigen Leuten produziert werden. Erst wenn man aus tiefster Seele die hypokritische Borniertheit der viktorianischen Kultur haßt, kann man das Genie eines Menschen mit voller Bewunderung ermessen, der uns diese widerliche Welt der satten Behäbigkeit als interessant und fast liebenswert zu empfinden zwang, der die banalste Prosa des Lebens zu Poesie erlöste.

Dickens hat selbst nie gegen dieses England angekämpft. Aber in der Tiefe – unten im Unbewußten – war das Ringen des Künstlers in ihm mit dem Engländer. Er ist ursprünglich stark und sicher ausgeschritten, nach und nach aber in dem weichen, halb zähen, halb nachgiebigen Sand seiner Zeit müde geworden und immer öfter und öfter schließlich in die alten, breitgestapften Fußspuren der Tradition getreten. Dickens ist überwältigt worden von seiner Zeit, und ich muß bei seinem Schicksal immer an das Abenteuer Gullivers bei den Liliputanern denken. Während der Riese schläft, spannen ihn die Zwerge mit tausenden kleinen Fäden an den Erdboden an, halten den Erwachenden so fest und lassen ihn nicht früher frei, ehe er nicht kapituliert und geschworen hat, die Gesetze des Landes nie zu verletzen. So hat die englische Tradition Dickens im Schlaf seiner Unberühmtheit eingesponnen und festgehalten: sie preßte ihn mit den Erfolgen an die englische Scholle, sie rissen ihn hinein in den Ruhm und banden ihm damit die Hände. Er war nach einer langen trüben Kindheit Stenograph im Parlament geworden und hatte einmal versucht, kleine Skizzen zu schreiben, mehr eigentlich um sein Einkommen zu vermehren als aus impulsivem dichterischem Bedürfnis. Der erste Versuch gelang, die

Zeitung verpflichtete ihn. Dann bat ihn ein Verleger um satirische Glossen zu einem Klub, die gewissermaßen den Text zu Karikaturen aus der englischen Gentry bilden sollten. Dickens nahm an. Und es gelang, gelang über alle Erwartung.

Die ersten Hefte des „Pickwick-Klub" waren ein Erfolg ohne Beispiel; nach zwei Monaten war Boz ein nationaler Autor. Der Ruhm schob ihn weiter, aus Pickwick wurde ein Roman. Es gelang wieder. Immer dichter spannen sich die kleinen Netze, die geheimen Fesseln des nationalen Ruhmes. Von einem Werke drängte ihn der Beifall zum andern, drängte ihn immer mehr in die Windrichtung des zeitgenössischen Geschmackes hinein. Und diese hunderttausend Netze, aus Beifall, baren Erfolgen und stolzem Bewußtsein künstlerischen Wollens auf das verwirrendste gewoben, hielten ihn nun fest an der englischen Erde, bis er kapitulierte, innerlich gelobte, die ästhetischen und moralischen Gesetze seiner Heimat nie zu übertreten. Er blieb in der Gewalt der englischen Tradition, des bürgerlichen Geschmackes, ein moderner Gulliver unter den Liliputanern. Seine wundervolle Phantasie, die wie ein Adler hätte hinschweben können über dieser engen Welt, verhakte sich in den Fußfesseln der Erfolge. Eine tiefinnerliche Zufriedenheit belastet seinen künstlerischen Auftrieb. Dickens war zufrieden. Zufrieden mit der Welt, mit England, mit seinen Zeitgenossen und sie mit ihm. Beide wollten sie sich nicht anders, als sie waren. In ihm war nicht die zornige Liebe, die züchtigen will, aufrütteln, anstacheln und erheben, der Urwille des großen Künstlers, mit Gott zu rechten, seine Welt zu verwerfen und sie neu, nach seinem eigenen Dünken zu erschaffen. Dickens war fromm, fürchtig; er hatte für alles Bestehende eine wohlwollende Bewunderung, ein ewig kindliches, spielfrohes Entzücken. Er war zufrieden. Er wollte nicht viel. Er war einmal ein ganz armer, vom Schicksal vergessener, von der Welt verschüchterter Knabe gewesen, dem erbärmliche Berufe die Jugend verzettelt hatten. Damals hatte er bunte farbige Sehnsucht gehabt, aber alle hatten ihn zurückgestoßen in eine lange und hartnäckig getragene Verschüchterung. Das brannte in ihm. Seine Kindheit war das eigentlich dichterisch-tragische Erlebnis – hier war der Same seines schöpferischen Wollens eingesenkt in das fruchtbare Erdreich von schweigsamem Schmerz; und seine tiefste seelische Absicht war, als ihm dann die Macht und Möglichkeit der Wirkung ins Weite wurde, diese Kindheit zu rächen. Er wollte mit seinen Romanen allen armen, verlassenen, vergessenen Kindern helfen, die so wie er einst Ungerechtigkeit erlitten durch schlechte Lehrer, vernachlässigte Schulen, gleichgültige Eltern, durch die lässige, lieblose, selbstsüchtige Art der meisten Menschen. Er wollte ihnen die paar farbigen Blüten Kinderfreude retten, die in seiner eigenen Brust verwelkt waren ohne den Tau der Güte.

Später hatte ihm das Leben dann alles gewährt, und er wußte es nicht mehr anzuklagen: aber die Kindheit rief in ihm um Rache. Und die einzige moralische Absicht, der innere Lebenswille seines Dichtens war, diesen Schwachen zu helfen: hier wollte er die zeitgenössische Lebensordnung verbessern. Er verwarf sie nicht, er bäumte sich nicht auf gegen die Normen des Staates, er droht nicht, reckt nicht die zornige Faust gegen das ganze Geschlecht, gegen die Gesetzgeber, die Bürger, gegen die Verlogenheit aller Konventionen, sondern deutet nur hier und dort mit vorsichtigem Finger auf eine offene Wunde. England ist das einzige Land Europas, das damals, um 1848, nicht revolutionierte; und so wollte auch er nicht umstürzen und neu schaffen, nur korrigieren und verbessern, wollte nur die Phänomene des sozialen Unrechts dort, wo ihr Dorn zu spitz und schmerzhaft ins Fleisch drang, abschleifen und mildern, doch nie die Wurzel, die innerste Ursache, aufgraben und zerstören. Als echter Engländer wagt er sich nicht an die Fundamente der Moral, sie sind dem Konservativen sakrosankt wie das Gospel, das Evangelium. Und diese Zufriedenheit, dieser Absud vom flauen Temperament seiner Epoche, ist so charakteristisch für Dickens. Er wollte nicht viel vom Leben: und so seine Helden. Ein Held bei Balzac ist gierig und herrschsüchtig, er verbrennt vor ehrgeiziger Sehnsucht nach Macht. Nichts ist ihm genug, unersättlich sind sie alle, jeder ein Welteroberer, ein Umstürzler, ein Anarchist und ein Tyrann zugleich. Sie haben ein napoleonisches Temperament. Auch die Helden Dostojewskis sind feurig und ekstatisch, ihr Wille verwirft die Welt und greift in herrlichster Ungenügsamkeit über das wirkliche Leben nach dem wahren Leben; sie wollen nicht Bürger und Menschen sein, sondern in jedem von ihnen funkelt durch alle Demut der gefährliche Stolz, ein Heiland zu werden. Ein Held Balzacs will die Welt unterjochen, ein Held Dostojewskis sie überwinden. Beide haben sie eine Anspannung über das Alltägliche hinaus, eine Pfeilrichtung gegen das Unendliche. Die Menschen bei Dickens sind alle bescheiden. Mein Gott, was wollen sie? Hundert Pfund im Jahr, eine nette Frau, ein Dutzend Kinder, einen freundlich gedeckten Tisch für die guten Freunde, ihr Cottagehaus bei London mit einem Blick von Grün vor dem Fenster, mit einem kleinen Gärtchen und einer Handvoll Glück. Ihr Ideal ist ein spießerisches, ein kleinbürgerliches: damit muß man sich bei Dickens zurechtfinden. Hinter dem Werke steht als der Schöpfer nicht ein zorniger Gott, gigantisch und übermenschlich, sondern ein zufriedener Betrachter, ein loyaler Bürger. Das Bürgerliche ist die Atmosphäre aller Romane von Dickens.

Seine große und unvergeßliche Tat war darum eigentlich nur: die Romantik der Bourgeoisie zu entdecken, die Poesie des Prosaischen. Er hat als erster den Alltag ins Dichterische umgebogen. Er hat Sonne durch dieses stumpfe Grau leuchten lassen; und wer in England einmal gesehen hat, wie strahlend der Goldglanz ist, den dort die erstarkende Sonne aus dem trüben Knäuel des Nebels spinnt, der weiß, wie sehr ein Dichter seine Nation beseligen mußte, der ihr künstlerisch diese Sekunde der Erlösung aus dem bleiernen Hindämmern gegeben hat. Dickens ist dieser goldene Reif um den englischen Alltag, der Heiligenschein der schlichten Dinge und simplen Menschen, die Idylle Englands. Er hat seine Helden, seine Schicksale in den engen Straßen der Vorstädte gesucht, an denen die anderen Dichter achtlos vorbeigingen. Die suchten ihre Helden unter den Kronleuchtern der aristokratischen Salons, auf den Wegen in den Zauberwald der fairy tales, sie forschten nach dem Entlegenen, Ungewöhnlichen und Außerordentlichen. Ihnen war der Bürger die Substanz gewordene irdische Schwerkraft, und sie wollten nur feurige, kostbare, in Ekstasen aufstrebende Seelen, den lyrischen, den heroischen Menschen. Dickens schämte sich nicht, den ganz einfachen Tagwerker zum Helden zu machen. Er war ein Selfmademan; er kam von unten und bewahrte diesem Milieu eine rührende Pietät. Er hatte einen sehr merkwürdigen Enthusiasmus für das Banale, eine Begeisterung für ganz wertlose altväterische Dinge, für den Kleinkram des Lebens. Seine Bücher sind selbst so ein curiosity shop voll mit Gerümpel, das jeder für wertlos gehalten hätte, ein Durcheinander von Seltsamkeiten und schnurrigen Nichtigkeiten, die jahrzehntelang vergeblich auf den Liebhaber gewartet hatten. Aber er nahm diese alten wertlosen, verstaubten Dinge, putzte sie blank, fügte sie zusammen und stellte sie in die Sonne seiner Heiterkeit. Und da fingen sie plötzlich an zu funkeln mit einem unerhörten Glanz. So nahm er die vielen kleinen verachteten Gefühle aus der Brust einfacher Menschen, horchte sie ab, fügte ihr Räderwerk zusammen, bis sie wieder lebendig tickten. Plötzlich begannen sie da wie kleine Spieluhren zu surren, zu schnurren und dann zu singen, eine leise altväterische Melodie, die lieblicher war als die schwermütigen Balladen der Ritter aus Legendenland und die Kanzonen der Lady vom See. Die ganze bürgerliche Welt hat Dickens so aus dem Aschenhaufen der Vergessenheit aufgestöbert und wieder blank zusammengefügt: in seinem Werk erst wurde sie wieder eine lebendige Welt. Ihre Torheiten und Beschränktheiten hat er durch Nachsicht begreiflich, ihre

Schönheiten durch Liebe sinnfällig gemacht, ihren Aberglauben verwandelt in eine neue und sehr dichterische Mythologie.

Das Zirpen des Heimchens am Herd ist Musik geworden in seiner Novelle, die Silvesterglocken sprechen mit menschlichen Zungen, der Zauber der Weihnacht versöhnt Dichtung dem religiösen Gefühl. Aus den kleinsten Festen hat er einen tieferen Sinn geholt; er hat allen diesen schlichten Leuten die Poesie ihres täglichen Lebens entdecken geholfen, ihnen noch lieber gemacht, was ihnen schon das Liebste war, ihr „home", das enge Zimmer, wo der Kamin mit roten Flammen prasselt und das dürre Holz zerknackt, wo der Tee am Tische surrt und singt, wo die wunschlosen Existenzen sich absperren von den gierigen Stürmen, den wilden Verwegenheiten der Welt. Die Poesie des Alltäglichen wollte er alle die lehren, die in den Alltag gebannt waren. Tausenden und Millionen hat er gezeigt, wo das Ewige in ihr armes Leben hinabreichte, wo der Funke der stillen Freude verschüttet unter der Asche des Alltags lag, er hat sie gelehrt, ihn aufflammen zu lassen zu heiter behaglicher Glut. Helfen wollte er den Armen und den Kindern. Was über diesen Mittelstand des Lebens materiell oder geistig hinausging, war ihm antipathisch; er liebte nur das Gewöhnliche, das Durchschnittliche von ganzem Herzen. Den Reichen und den Aristokraten, den Begünstigten des Lebens war er gram. Die sind fast immer Schurken und Knauser in seinen Büchern, selten Porträts, fast immer Karikaturen. Er mochte sie nicht. Zu oft hatte er als Kind dem Vater ins Schuldgefängnis, in die Marshalea, Briefe gebracht, die Pfändungen gesehen, zu sehr die liebe Not des Geldes gekannt; jahraus, jahrein war er in Hungerford Stairs ganz oben in einem kleinen, schmutzigen, sonnenlosen Zimmer gesessen, hatte Schuhwichse in Tiegel eingestrichen und mit Fäden hunderte und hunderte täglich umwickelt, bis ihm die kleinen Kinderhände brannten und die Tränen der Zurücksetzung aus den Augen schössen. Zu sehr hatte er Hunger und Entbehrung gekannt an den kalten Nebelmorgen der Londoner Straßen. Keiner hatte ihm damals geholfen, die Karossen waren vorübergefahren an dem frierenden Knaben, die Reiter vorbeigetrabt, die Tore hatten sich nicht aufgetan. Nur von den kleinen Leuten hatte er Gutes erfahren: nur ihnen wollte er darum die Gabe erwidern. Seine Dichtung ist eminent demokratisch – nicht sozialistisch, dazu fehlt ihm der Sinn für das Radikale –, Liebe und Mitleid allein geben ihr pathetisches Feuer. In der bürgerlichen Welt – in der mittleren Sphäre zwischen Armenhaus und Rente – ist er am liebsten geblieben; nur bei diesen schlichten Menschen hat er sich wohlgefühlt. Er malt ihre Stuben mit Behaglichkeit und Breite aus, als wollte er selbst darin wohnen, webt ihnen bunte und immer mit sonnigem Feuer überflogene Schicksale, träumt ihre bescheidenen Träume; er ist ihr Anwalt, ihr Prediger, ihr Liebling, die helle, ewig warme Sonne ihrer schlichten, grautönigen Welt.

Aber wie reich ist sie durch ihn geworden, diese bescheidene Wirklichkeit der kleinen Existenzen! Das ganze bürgerliche Beisammensein mit seinem Hausrat, dem Kunterbunt der Berufe, dem unübersehbaren Gemisch der Gefühle ist noch einmal Kosmos geworden, ein All mit Sternen und Göttern in seinen Büchern. Aus dem flachen, stagnierenden, kaum wellenden Spiegel der kleinen Existenzen hat hier ein scharfer Blick Schätze erspäht und sie mit dem feinmaschigsten Netz ans Licht gehoben. Aus dem Gewühl hat er Menschen gefangen, oh, wie viele Menschen, Hunderte von Gestalten, genug, eine kleine Stadt zu bevölkern. Unvergeßliche sind unter ihnen, Gestalten, die ewig sind in der Literatur und schon mit ihrer Existenz hinausreichen in den wirklichen Sprachbegriff des Volkes, Pickwick und Sam Weller, Pecksniff und Betsey Trotwood, sie alle, deren Namen in uns lächelnde Erinnerung zauberisch entfachen. Wie reich sind diese Romane! Die Episoden des David Copperfield genügten für sich allein, das dichterische Lebenswerk eines anderen mit Tatsächlichkeiten zu versorgen; Dickens' Bücher sind eben wirkliche Romane im Sinn der Fülle und unablässigen Bewegtheit, nicht wie unsere deutschen fast alle nur ins Breite gezerrte psychologische Novellen. Es gibt wenig tote Punkte in ihnen, wenig leere sandige Strecken, sie haben Ebbe und Flut von Geschehnissen, und wirklich, wie ein Meer sind sie unergründlich und unübersehbar. Kaum kann man das heitere und wilde Durcheinander der wimmelnden Menschen überschauen; sie drängen herauf an die Bühne des Herzens, stoßen einer wieder den andern hinab, wirbeln vorbei. Keine der Gestalten, die nur spaziergängerisch vorbeizustreifen scheinen, geht verloren; alle ergänzen, befördern, befeinden einander, häufen Licht oder Schatten. Krause, heitere, ernste Verwicklungen treiben in katzenhaftem Spiel den Knäuel der Handlung hin und her, alle Möglichkeiten des Gefühls klingen in rascher Skala auf und nieder, alles ist gemengt: Jubel, Schauer und Übermut; bald funkelt die Träne der Rührung, bald die der losen Heiterkeit. Gewölk zieht auf, zerreißt, türmt sich aufs neue, aber am Schlusse strahlt die vom Gewitter reine Luft in wundervoller Sonne. Manche dieser Romane sind eine Ilias von tausend Einzelkämpfen, die Ilias einer entgötterten irdischen Welt, manche nur eine friedfertige bescheidene Idylle; aber alle Romane, die vortrefflichen wie die unlesbaren, haben dies Merkmal einer verschwenderischen Vielfalt.

Und alle haben sie, selbst die wildesten und melancholischsten, in den Felsen der tragischen Landschaft kleine Lieblichkeiten wie Blumen eingesprengt. Überall blühen diese unvergeßlichen Anmutigkeiten: wie kleine Veilchen, bescheiden und versteckt, warten sie im weitgesteckten Wiesenplan seiner Bücher, überall sprudelt die klare Quelle sorgloser Heiterkeit klingend von dem dunkeln Gestein der schroffen Geschehnisse nieder. Es gibt Kapitel bei Dickens, die man nur Landschaften in ihrer Wirkung vergleichen kann, so rein sind sie, so göttlich unberührt von irdischen Trieben, so sonnig blühend in ihrer heiteren milden Menschlichkeit. Um ihretwillen schon müßte man Dickens lieben, denn so verschwenderisch sind diese kleinen Künste verstreut in seinem Werk, daß ihre Fülle zur Größe wird. Wer könnte allein seine Menschen aufzählen, alle diese krausen, jovialen, gutmütigen, leicht lächerlichen und immer so amüsanten Menschen? Sie sind aufgefangen mit all ihren Schrullen und individuellen Eigentümlichkeiten, eingekapselt in die seltsamsten Berufe, verwickelt in die ergötzlichsten Abenteuer. Und so viele sie auch sind, keiner ist dem andern ähnlich, sie sind minuziös bis ins kleinste Detail persönlich herausgearbeitet, nichts ist Guß und Schema an ihnen, alles Sinnlichkeit und Lebendigkeit, sie alle sind nicht ersonnen, sondern gesehen. Gesehen von dem ganz unvergleichlichen Blick dieses Dichters.

Dieser Blick ist von einer Präzision sondergleichen, ein wunderbares, unbeirrbares Instrument. Dickens war ein visuelles Genie. Man mag jedes Bildnis von ihm, das der Jugend und das (bessere) der Mannesjahre betrachten: es ist beherrscht von diesem merkwürdigen Auge. Es ist nicht das Auge des Dichters, in schönem Wahnsinn rollend oder elegisch umdämmert, nicht weich und nachgiebig oder feurig-visionär. Es ist ein englisches Auge: kalt, grau, scharfblinkend wie Stahl. Und stählern war es auch wie ein Tresor, in dem alles unverbrennbar, unverlierbar, gewissermaßen luftdicht abgeschlossen ruhte, was ihm irgendeinmal, gestern oder vor vielen Jahren von der Außenwelt eingezahlt worden war: das Erhabenste wie das Gleichgültigste, irgendein farbiges Schild über einem Kramladen in London, das der Fünfjährige vor undenklicher Zeit gesehen, oder ein Baum mit seinen aufspringenden Blüten gerade drüben vor dem Fenster. Nichts ging diesem Auge verloren, es war stärker als die Zeit; sparsam reihte es Eindruck an Eindruck im Speicher des Gedächtnisses, bis der Dichter ihn zurückforderte. Nichts rann in Vergessenheit, wurde blaß oder fahl, alles lag und wartete, blieb voll Duft und Saft, farbig und klar, nichts starb ab oder welkte. Unvergleichlich ist bei Dickens das Gedächtnis des Auges. Mit seiner stählernen Schneide zerteilt er den Nebel der

Kindheit; in „David Copperfield“, dieser verkappten Autobiographie, sind Erinnerungen des zweijährigen Kindes an die Mutter und das Dienstmädchen mit Messerschärfe wie Silhouetten vom Hintergrund des Unbewußten losgeschnitten. Es gibt keine vagen Konturen bei Dickens; er gibt nicht vieldeutige Möglichkeiten der Vision, sondern zwingt zur Deutlichkeit. Seine darstellende Kraft läßt der Phantasie des Lesers keinen freien Willen, er vergewaltigt sie (weshalb er auch der ideale Dichter einer phantasielosen Nation wurde). Stellt zwanzig Zeichner vor seine Bücher und verlangt die Bilder Copperfields und Pickwicks: die Blätter werden sich ähnlich sehen, werden in unerklärlicher Ähnlichkeit den feisten Herrn mit der weißen Weste und den freundlichen Augen hinter den Brillengläsern oder den hübschen blonden, ängstlichen Knaben auf der Postkutsche nach Yarmouth darstellen. Dickens schildert so scharf, so minuziös, daß man seinem hypnotisierenden Blicke folgen muß; er hatte nicht den magischen Blick Balzacs, der die Menschen der feurigen Wolke ihrer Leidenschaften sich erst chaotisch formend entringen läßt, sondern einen ganz irdischen Blick, einen Seemanns-, einen Jägerblick, einen Falkenblick für die kleinen Menschlichkeiten. Aber Kleinigkeiten, sagte er einmal, sind es, die den Sinn des Lebens ausmachen. Sein Blick hascht nach kleinen Merkzeichen, er sieht den Flecken am Kleid, die kleinen hilflosen Gesten der Verlegenheit, er faßt die Strähne roten Haares, die unter einer dunkeln Perücke hervorlugt, wenn ihr Eigner in Zorn gerät. Er spürt die Nuancen, tastet die Bewegung jedes einzelnen Fingers bei einem Händedruck ab, die Abschattung in einem Lächeln. Er war Jahre vor seiner literarischen Zeit Stenograph im Parlament gewesen und hatte sich dort geübt, das Ausführliche ins Summarische zu drängen, mit einem Strich ein Wort, mit kurzem Schnörkel einen Satz darzustellen. Und so hat er später dichterisch eine Art Kurzschrift des Wirklichen geübt, das kleine Zeichen hingestellt statt der Beschreibung, eine Essenz der Beobachtung aus den bunten Tatsächlichkeiten destilliert. Für diese kleinen Äußerlichkeiten hatte er eine unheimliche Scharfsichtigkeit, sein Blick übersah nichts, faßte wie ein guter Verschluß am photographischen Apparat das Hundertstel einer Sekunde in einer Bewegung, einer Geste. Nichts entging ihm. Und diese Scharfsichtigkeit wurde noch gesteigert durch eine ganz merkwürdige Brechung des Blicks, die den Gegenstand nicht wie ein Spiegel in seiner natürlichen Proportion wiedergab, sondern wie ein Hohlspiegel ins Charakteristische übertrieb. Dickens unterstreicht immer die Merkzeichen seiner Menschen, er dreht sie aus dem Objektiven hinüber ins Gesteigerte, ins Karikaturistische. Er macht sie intensiver, erhebt sie zum Symbol. Der wohlbeleibte Pickwick wird auch seelisch zur Rundlichkeit, der dünne Jingle zur Dürre, der Böse zum Satanas, der Gute die leibhaftige Vollendung. Dickens übertreibt wie jeder große Künstler, aber nicht ins Grandiose, sondern ins Humoristische. Die ganze, so unsäglich ergötzliche Wirkung seiner Darstellung entwuchs nicht so sehr seiner Laune, nicht seinem Übermut, sondern sie saß schon in dieser merkwürdigen Winkelstellung des Auges, das mit seiner Überschärfe alle Erscheinungen irgendwie ins Wunderliche und Karikaturistische übertrieben auf das Leben zurückspiegelte.

Tatsächlich: in dieser eigenartigen Optik – und nicht in seiner ein wenig zu bürgerlichen Seele – steckt Dickens' Genie. Dickens war eigentlich nie Psychologe, einer, der magisch die Seele des Menschen erfaßt, aus ihrem hellen oder dunklen Samen in geheimnisvollem Wachstum sich die Dinge in ihren Farben und Formen entfalten ließ. Seine Psychologie beginnt beim Sichtbaren, er charakterisiert durch Äußerlichkeiten, allerdings durch jene letzten und feinsten, die eben nur einem dichterisch scharfen Auge sichtbar sind. Wie die englischen Philosophen, beginnt er nicht mit Voraussetzungen, sondern mit Merkmalen. Die unscheinbarsten, ganz materiellen Äußerungen des Seelischen fängt er ein und macht an ihnen durch seine merkwürdig karikaturistische Optik den ganzen Charakter augenfällig. Aus Merkmalen läßt er die Spezies erkennen. Dem Schullehrer Creakle gibt er eine leise Stimme, die mühsam das Wort gewinnt. Und schon ahnt man das Grauen der Kinder vor diesem Menschen, dem die Anstrengung des Sprechens die Zornader über die Stirne schwellen läßt. Sein Uriah Heep hat immer kalte, feuchte Hände: schon atmet die Gestalt Mißbehagen, schlangenhafte Widrigkeiten. Kleinigkeiten sind das, Äußerlichkeiten, aber immer solche, die auf das Seelische wirken. Manchmal ist es eigentlich nur eine lebendige Schrulle, die er darstellt; eine Schrulle, die mit einem Menschen umwickelt ist und ihn wie eine Puppe mechanisch bewegt.

Manchmal wieder charakterisiert er den Menschen durch seinen Begleiter – was wäre Pickwick ohne Sam Weller, Dora ohne Jip, Barnaby ohne den Raben, Kit ohne das Pony! – und zeichnet die Eigentümlichkeit der Figur gar nicht an dem Modell selbst, sondern am grotesken Schatten. Seine Charaktere sind eigentlich immer nur eine Summe von Merkmalen, aber von so scharfgeschnittenen, daß sie restlos ineinander passen und ein Bild vortrefflich in Mosaik zusammensetzen. Und darum wirken sie meistens immer nur äußerlich, sinnfällig, sie erzeugen eine intensive Erinnerung des Auges, eine nur vage des Gefühls. Rufen wir in uns eine Figur Balzacs oder Dostojewskis beim Namen auf, den Père Goriot oder Raskolnikow, so antwortet ein Gefühl, die Erinnerung an eine Hingebung, eine Verzweiflung, ein Chaos der Leidenschaft. Sagen wir uns Pickwick, so taucht ein Bild auf, ein jovialer Herr mit reichlichem Embonpoint und goldenen Knöpfen auf der Weste. Hier spüren wir es: an die Figuren Dickens' denkt man wie an gemalte Bilder, an die Dostojewskis und Balzacs wie an Musik. Denn diese schaffen intuitiv, Dickens nur reproduktiv, jene mit dem geistigen, Dickens mit dem körperlichen Auge. Er faßt die Seele nicht dort, wo sie geisterhaft, nur von dem siebenfach glühenden Licht der visionären Beschwörung bezwungen, aus der Nacht des Unbewußten steigt, er lauert dem unkörperlichen Fluidum auf, dort, wo es einen Niederschlag im Wirklichen hat, er hascht die tausend Wirkungen des Seelischen auf das Körperliche, aber dort übersieht er keine. Seine Phantasie ist eigentlich bloß Blick und reicht darum nur aus für jene Gefühle und Gestalten der mittleren Sphäre, die im Irdischen wohnen; seine Menschen sind nur plastisch in den gemäßigten Temperaturen der normalen Gefühle. In den Hitzegraden der Leidenschaft zerschmelzen sie wie Wachsbilder in Sentimentalität, oder sie erstarren im Haß und werden brüchig. Dickens gelingen nur geradlinige Naturen, nicht jene ungleich interessanteren, in denen die hundertfachen Übergänge vom Guten zum Bösen, vom Gott zum Tier fließend sind. Seine Menschen sind immer eindeutig, entweder vortrefflich als Helden oder niederträchtig als Schurken, sie sind prädestinierte Naturen mit einem Heiligenschein über der Stirne oder dem Brandmal. Zwischen good und wicked, zwischen dem Gefühlvollen und Gefühllosen pendelt seine Welt. Darüber hinaus, in die Welt der geheimnisvollen Zusammenhänge, der mystischen Verkettungen, weiß seine Methode keinen Pfad. Das Grandiose läßt sich nicht greifen, das Heroische nicht erlernen. Es ist der Ruhm und die Tragik Dickens', immer in einer Mitte geblieben zu sein zwischen Genie und Tradition, dem Unerhörten und dem Banalen: in den geregelten Bahnen der irdischen Welt, im Lieblichen und im Ergreifenden, im Behaglichen und Bürgerlichen.

Aber dieser Ruhm genügte ihm nicht: der Idylliker sehnte sich nach Tragik. Immer wieder hat er zur Tragödie emporgestrebt, und immer kam er nur zum Melodram. Hier war seine Grenze. Diese Versuche sind unerfreulich: mögen in England die „Geschichte der beiden Städte", „Bleak House" für hohe Schöpfungen gelten, für unser Gefühl sind sie verloren, weil ihre große Geste eine erzwungene ist. Die Anstrengung zum Tragischen ist in ihnen wirklich bewundernswert: in diesen Romanen türmt Dickens Konspirationen, wölbt große Katastrophen wie Felsblöcke über den Häuptern seiner Helden, er beschwört den Schauer der Regennächte, den Volksaufstand und die Revolutionen, entfesselt den ganzen Apparat des Grauens und Entsetzens. Aber doch, jener erhabene Schauer stellt sich nie ein, er wird nur ein Gruseln, der rein körperliche Reflex des Entsetzens, und nicht der Schauer der Seele. Jene tiefen Erschütterungen, jene gewitterhaften Wirkungen, die vor Angst das Herz sehnsüchtig stöhnen lassen nach der Entladung im Blitz, brechen nie mehr aus seinen Büchern. Dickens türmt Gefahr über Gefahren, aber man fürchtet sie nicht. Bei Dostojewski starren manchmal plötzlich Abgründe, man jappt nach Luft, wenn man dieses Dunkel, diesen namenlosen Abgrund in der eigenen Brust aufgerissen fühlt; man fühlt den Boden unter den Füßen schwinden, spürt einen jähen Schwindel, einen feurigen, aber süßen Schwindel, möchte gern nieder, niederstürzen, und schauert doch zugleich vor diesem Gefühl, wo Lust und Schmerz zu so ungeheuren Hitzegraden weißgeglüht sind, daß man sie voneinander nicht scheiden kann. Auch bei Dickens sind solche Abgründe. Er reißt sie auf, füllt sie mit Schwärze, zeigt ihre ganze Gefahr; aber doch, man schauert nicht, man hat nicht jenen süßen Schwindel des geistigen Niederstürzens, der vielleicht der höchste Reiz künstlerischen Genießens ist. Man fühlt sich bei ihm immer irgendwie sicher, als hielte man ein Geländer, denn man weiß, er läßt einen nicht niederstürzen; man weiß, der Held wird nicht untergehen; die beiden Engel, die mit weißen Flügeln durch die Welt dieses englischen Dichters schweben, Mitleid oder Gerechtigkeit, werden ihn schon unbeschädigt über alle Schründe und Abgründe tragen. Dickens fehlt die Brutalität, der Mut zur wirklichen Tragik.

Er ist nicht heroisch, sondern sentimental. Tragik ist Wille zum Trotz, Sentimentalität Sehnsucht nach der Träne. Zu der tränenlosen, wortlosen, letzten Gewalt des verzweifelten Schmerzes ist Dickens nie gelangt: sanfte Rührung – etwa der Tod Doras im „Copperfield" – ist das äußerste ernste Gefühl, das er vollendet darzustellen vermag. Holt er zum wirklich wuchtigen Schwung aus, so fällt ihm immer das Mitleid in den Arm. Immer glättet das (oft ranzige) Öl des Mitleids den heraufbeschworenen Sturm der Elemente; die sentimentale Tradition des englischen Romans überwindet den Willen zum Gewaltigen. Das Finale muß eine Apokalypse sein, ein Weltgericht, die Guten steigen nach oben, die Bösen werden bestraft. Dickens hat leider diese Gerechtigkeit in die meisten Romane übernommen, seine Schurken ertrinken, ermorden sich gegenseitig, die Hochmütigen und Reichen machen Bankrott, und die Helden sitzen warm in der Wolle. Diese echt englische Hypertrophie des moralischen Sinnes hat Dickens' grandioseste Inspirationen zum tragischen Roman irgendwie ernüchtert. Denn die Weltanschauung dieser Werke, der eingebaute Kreisel, der ihre Stabilität aufrechterhält, ist nicht die Gerechtigkeit des freien Künstlers mehr, sondern die eines anglikanischen Bürgers. Dickens zensuriert die Gefühle, statt sie frei wirken zu lassen: er gestattet nicht wie Balzac ihr elementares Überschäumen, sondern lenkt sie durch Dämme und Gruben in Kanäle, wo sie die Mühlen der bürgerlichen Moral drehen. Der Prediger, der Reverend, der common-sense-Philosoph, der Schulmeister, alle sitzen sie unsichtbar mit ihm in der Werkstatt des Künstlers und mengen sich ein: sie verleiten ihn, den ernsten Roman statt ein demütiges Nachbild der freien Wirklichkeiten lieber ein Vorbild und eine Warnung für junge Leute sein zu lassen. Freilich, belohnt ward die gute Gesinnung: als Dickens starb, wußte der Bischof von Winchester an seinem Werk zu rühmen, man könne es beruhigt jedem Kinde in die Hände geben; aber gerade dies, daß es das Leben nicht in seinen Wirklichkeiten zeigt, sondern so, wie man es Kindern darstellen will, schmälert seine überzeugende Kraft. Für uns Nichtengländer strotzt und protzt es zu sehr mit Sittlichkeit. Um Held bei Dickens zu werden, muß man ein Tugendausbund sein, ein puritanisches Ideal. Bei Fielding und Smollet, die ja doch auch Engländer waren, allerdings Kinder eines sinnefreudigeren Jahrhunderts, schadet es dem Helden absolut nicht, wenn er einmal bei einem Raufhandel seinem Gegenüber die Nase eintreibt oder wenn er trotz aller hitzigen Liebe zu seiner adeligen Dame einmal mit ihrer Zofe im Bette schläft.

Bei Dickens erlauben sich nicht einmal die Wüstlinge solche Abscheulichkeiten. Selbst seine ausschweifenden Menschen sind eigentlich harmlos, ihre Vergnügungen noch immer so, daß sie eine ältliche spinster ohne Erröten verfolgen kann. Da ist Dick Swiveller, der Libertin. Wo steckt denn eigentlich seine Libertinage? Mein Gott, er trinkt vier Glas Ale statt zwei, zahlt seine Rechnungen höchst unregelmäßig, bummelt ein wenig, das ist alles. Und zum Schluß macht er im rechten Augenblick eine Erbschaft – eine bescheidene natürlich – und heiratet höchst anständig das Mädchen, das ihm auf die Bahn der Tugend half. Wahrhaft unmoralisch sind bei Dickens nicht einmal die Schurken, selbst sie haben trotz allen bösen Instinkten blasses Blut. Diese englische Lüge der Unsinnlichkeit sitzt als Brand in seinem Werke; die schieläugige Hypokrisie, die übersieht, was sie nicht sehen will, wendet Dickens den spürenden Blick von den Wirklichkeiten. Das England der Königin Viktoria hat Dickens verhindert, den vollendet tragischen Roman zu schreiben, der seine innerste Sehnsucht war. Und es hätte ihn ganz niedergezogen in seine eigene satte Mediokrität, hätte ihn ganz mit den klemmenden Armen der Beliebtheit zum Anwalt seiner sexuellen Verlogenheit gemacht, wäre dem Künstler nicht eine Welt frei gewesen, in die seine schöpferische Sehnsucht hätte flüchten können, hätte er nicht jene silberne Schwinge besessen, die ihn stolz über die dumpfen Bezirke solcher Zweckmäßigkeiten hob: seinen seligen und fast unirdischen Humor. Diese eine selige, halkyonisch freie Welt, in die der Nebel Englands nicht niederhängt, ist das Land der Kindheit. Die englische Lüge verschneidet die Sinnlichkeit in den Menschen und zwingt den Erwachsenen in ihre Gewalt; die Kinder aber leben noch paradiesisch unbekümmert ihr Fühlen aus, sie sind noch nicht Engländer, sondern nur kleine helle Menschenblüten, in ihre bunte Welt schattet noch nicht der englische Nebelrauch der Hypokrisie. Und hier, wo Dickens frei, unbehindert von seinem englischen Bourgeoisgewissen schalten durfte, hat er Unsterbliches geleistet. Die Jahre der Kindheit in seinen Romanen sind einzig schön; nie werden, glaube ich, in der Weltliteratur diese Gestalten vergehen, diese heiteren und ernsten Episoden der Frühzeit. Wer wird je die Odyssee der kleinen Nell vergessen können, wie sie mit ihrem greisen Großvater aus dem Rauch und Düster der großen Städte hinauszieht ins erwachende Grün der Felder, harmlos und sanft, dies engelhafte Lächeln selig über alle Fährlichkeiten und Gefahren hinrettend bis ins Verscheiden. Das ist rührend in einem Sinne, der über alle Sentimentalität hinausreicht zum echtesten, lebendigsten Menschengefühl.

Da ist Traddles, der fette Junge in seinen geblähten Pumphosen, der den Schmerz über die erhaltenen Prügel im Zeichnen von Skeletten vergißt, Kit, der Treueste der Treuen, der kleine Nickleby und dann dieser eine, der immer wiederkehrt, dieser hübsche, „sehr kleine und nicht eben zu freundlich behandelte Junge“, der niemand anderer ist als Charles Dickens, der Dichter, der seine eigene Kinderlust, sein eigenes Kinderleid wie kein zweiter unsterblich gemacht hat. Immer und immer wieder hat er von diesem gedemütigten, verlassenen, verschreckten, träumerischen Knaben erzählt, den die Eltern verwaisen ließen; und hier ist sein Pathos wirklich tränennah geworden, seine sonore Stimme voll und tönend wie Glockenklang. Unvergeßlich ist dieser Kinderreigen in Dickens' Romanen. Hier durchdringt sich Lachen und Weinen, Erhabenes und Lächerliches zu einem einzigen Regenbogenglanz; das Sentimentale und das Sublime, das Tragische und das Komische, Wahrheit und Dichtung versöhnen sich in ein Neues und Nochniedagewesenes. Hier überwindet er das Englische, das Irdische, hier ist Dickens ohne Einschränkung groß und unvergleichlich. Wollte man ihm ein Denkmal setzen, so müßte marmorn dieser Kinderreigen seine eherne Gestalt umringen als den Beschützer, den Vater und Bruder. Denn sie hat er wahrhaft als die reinste Form menschlichen Wesens geliebt. Wollte er Menschen sympathisch machen, so ließ er sie kindlich sein. Um der Kinder willen hat er die sogar geliebt, die schon nicht mehr kindlich, sondern kindisch waren, die Schwachsinnigen und Geistesgestörten. In allen seinen Romanen ist einer dieser sanften Irren, deren arme verlorene Sinne weit oben wie weiße Vögel wandern über der Welt der Sorgen und Klagen, denen das Leben nicht ein Problem, eine Mühe und Aufgabe ist, sondern nur ein seliges, ganz unverständliches, aber schönes Spiel. Es ist rührend, zu sehen, wie er diese Menschen schildert. Er faßt sie sorgsam an wie Kranke, legt viel Güte um ihr Haupt wie einen Heiligenschein. Selige sind sie ihm, weil sie ewig im Paradies der Kindheit geblieben sind. Denn die Kindheit ist das Paradies in Dickens' Werken. Wenn ich einen Roman von Dickens lese, habe ich immer eine wehmütige Angst, wenn die Kinder heranwachsen; denn ich weiß, nun geht das Süßeste, das Unwiederbringliche verloren, nun mischt sich bald das Poetische mit dem Konventionellen, die reine Wahrheit mit der englischen Lüge. Und er selbst scheint dieses Gefühl im Innersten zu teilen. Denn nur ungern gibt er seine Lieblingshelden an das Leben. Er begleitet sie nie bis ins Alter hinein, wo sie banal werden, Krämer und Kärrner des Lebens; er nimmt Abschied von ihnen, wenn er sie emporgeführt hat bis an die Kirchentür der Ehe, durch alle Fährnisse in den spiegelglatten Hafen derbequemen Existenz. Und das eine Kind, das ihm das liebste war in der bunten Reihe, die kleine Nell, in der er die Erinnerung an eine ihm sehr teure Frühverstorbene verewigt hatte, sie ließ er gar nicht in die rauhe Welt der Enttäuschungen, die Welt der Lüge. Sie behielt er für immer im Paradies der Kindheit, schloß ihr vorzeitig die blauen sanften Augen, ließ sie ahnungslos übergleiten von der Helle der Frühzeit in die Dunkelheit des Todes. Sie war ihm zu lieb für die wirkliche Welt.

Denn diese Welt ist bei Dickens, ich sagte es ja schon, eine bürgerlich bescheidene, ein sattes England, ein enger Ausschnitt der ungeheuren Möglichkeiten des Lebens. Eine solche arme Welt konnte nur reich werden durch ein großes Gefühl. Balzac hat den Bourgeois gewaltig gemacht durch seinen Haß, Dostojewski durch seine Heilandsliebe. Und auch Dickens, der Künstler, erlöst diese Menschen von ihrer lastenden Erdschwere: durch seinen Humor. Er betrachtet seine kleinbürgerliche Welt nicht mit objektiver Wichtigkeit, er stimmt nicht jenen Hymnus der braven Leute, der alleinseligmachenden Tüchtigkeit und Nüchternheit an, sondern er zwinkert seinen Leuten gutmütig und doch lustig zu, er macht sie wie Gottfried Keller und Wilhelm Raabe ein ganz klein wenig lächerlich in ihren liliputanischen Sorgen. Aber lächerlich in einem freundlichen, gutmütigen Sinne, so daß man sie für alle Schnurren und Skurrilitäten nur noch lieber hat. Wie ein Sonnenblick liegt der Humor über seinen Büchern, macht ihre bescheidene Landschaft plötzlich heiter und unendlich lieblich, voll von tausend entzückenden Wundern; an dieser guten wärmenden Flamme wird alles lebendiger und wahrscheinlicher, selbst die falschen Tränen flimmern wie Diamanten, die kleinen Leidenschaften flammen wie wirklicher Brand. Der Humor Dickens' hebt sein Werk über die Zeit hinaus in alle Zeiten. Wie Ariel schwebt er geisternd durch die Luft seiner Bücher, füllt sie an mit heimlicher Musik, reißt sie in einen Tanzwirbel, eine große Freudigkeit des Lebens. Allgegenwärtig ist er. Selbst aus dem Schacht der finstersten Verwirrungen funkelt er auf wie ein Bergmannslicht, er löst die überstraffen Spannungen, er mildert das allzu Sentimentale durch den Unterton der Ironie, das Übertriebene durch seinen Schatten, das Groteske, er ist das Versöhnende, das Ausgleichende, das Unvergängliche in seinem Werk. Er ist – wie alles bei Dickens – natürlich englisch, ein echtenglischer Humor.

Auch ihm fehlt es an Sinnlichkeit, er vergißt sich nicht, betrinkt sich nicht an seiner eigenen Laune und wird nie ausschweifend. Er bleibt in seinem Überschwang noch gemessen, grölt nicht und rülpst sich nicht wie Rabelais, überpurzelt sich nicht wie bei Cervantes vor tollem Entzücken oder springt kopfüber ins Unmögliche wie der amerikanische. Er bleibt immer aufrecht und kühl. Dickens lächelt wie alle Engländer nur mit dem Mund, nicht mit dem ganzen Körper. Seine Heiterkeit verbrennt sich nicht selbst, sie funkelt nur und zersplittert ihr Licht in die Adern der Menschen hinein, flackert mit tausend kleinen Flammen, geistert und irrlichtert neckisch, ein entzückender Schelm, mitten in den Wirklichkeiten. Auch sein Humor ist – denn es ist das Schicksal Dickens', immer eine Mitte darzustellen – ein Ausgleich zwischen der Trunkenheit des Gefühls, der wilden Laune und der kaltlächelnden Ironie. Sein Humor ist unvergleichbar dem der anderen großen Engländer. Er hat nichts von der zerfasernden, beizenden Ironie Sternes, nichts von der breitstapfigen, launigen Landedelmannsheiterkeit Fieldings; er ätzt nicht wie Thackeray schmerzhaft in den Menschen hinein, er tut nur wohl und nie weh, spielt wie Sonnenkringel ihnen lustig um Haupt und Hände. Er will nicht moralisch sein und nicht satirisch, nicht unter der Narrenkappe irgendeinen feierlichen Ernst verstecken. Er will überhaupt nicht und nichts. Er ist. Seine Existenz ist absichtslos und selbstverständlich; der Schalk steckt schon in jener merkwürdigen Augenstellung Dickens', verschnörkelt und übertreibt dort die Gestalten, gibt ihnen jene ergötzlichen Proportionen und komischen Verrenkungen, die dann das Entzücken von Millionen wurden. Alles tritt in diesen Kreis von Licht, sie leuchten wie von innen heraus; selbst die Gauner und Schurken haben ihren Glorienschein von Humor, die ganze Welt scheint irgendwie lächeln zu müssen, wenn Dickens sie betrachtet. Alles glänzt und wirbelt, die Sonnensehnsucht eines nebligen Landes scheint für immer erlöst. Die Sprache schlägt Purzelbäume, die Sätze quirlen ineinander, springen weg, spielen Verstecken mit ihrem Sinn, werfen sich einer dem anderen Fragen zu, necken sich, führen sich irre, eine Launigkeit beflügelt sie zum Tanz. Unerschütterlich ist dieser Humor. Er ist schmackhaft ohne das Salz der Sexualität, das ihm ja die englische Küche versagte; er ließ sich nicht verwirren dadurch, daß hinter dem Dichter der Drucker hetzte; denn selbst im Fieber, in Not und Ärger konnte Dickens nicht anders als heiter schreiben. Sein Humor ist unwiderstehlich, er saß fest in diesem herrlich scharfen Auge und verlosch erst mit seinem Licht. Nichts Irdisches vermochte ihm etwas anzuhaben, und auch der Zeit wird es kaum gelingen. Denn ich kann mir Menschen nicht denken, die Novellen wie „Das Heimchen am Herd“ nicht lieben würden, die der Heiterkeit wehren könnten bei manchen Episoden dieser Bücher. Die seelischen Bedürfnisse mögen sich wandeln wie die literarischen. Aber solange man Sehnsucht nach Heiterkeit haben wird, in den Augenblicken jener Behaglichkeiten, wo der Lebenswille ruht und nur das Gefühl des Lebens sanft seine Wellen in einem rührt, wo man sich nach nichts so sehnt als nach irgendeiner arglosen melodischen Erregung des Herzens, wird man nach diesen einzigen Büchern greifen, in England und überall in der Welt.

Das ist das Große, das Unvergängliche in diesem irdischen, allzu irdischen Werke: es hat Sonne in sich, es strahlt und wärmt. Man soll die großen Kunstwerke nicht allein nach ihrer Intensität fragen, nicht nur nach dem Menschen, der hinter ihnen stand, sondern auch nach ihrer Extensität, der Wirkung auf die Mengen. Und von Dickens wird man wie von keinem in unserem Jahrhundert sagen können, er habe die Freudigkeit der Welt gemehrt. Millionen Augen haben bei seinen Büchern in Tränen gefunkelt; Tausenden, denen das Lachen verblüht oder verschüttet war, hat er es neu in die Brust gepflanzt: weit über das Literarische hinaus ging seine Wirkung. Reiche Leute besannen sich und machten Stiftungen, als sie von den Brüdern Chereby lasen; Hartherzige wurden gerührt; die Kinder bekamen – es ist verbürgt –, als „Oliver Twist“ erschien, mehr Almosen auf den Straßen; die Regierung verbesserte die Armenhäuser und kontrollierte die Privatschulen. Das Mitleid und Wohlwollen in England ist stärker geworden durch Dickens, das Schicksal von vielen und vielen Armen und Unglücklichen gelindert. Ich weiß: solche außerordentliche Wirkungen haben nichts zu tun mit der ästhetischen Wertung eines Kunstwerkes. Aber sie sind wichtig, weil sie zeigen, daß jedes ganz große Werk über die Welt der Phantasie hinaus, wo ja jeder schaffende Wille zauberhaft frei schweifen kann, auch in der realen Welt Wandlungen hervorbringt. Wandlungen im Wesentlichen, im Sichtbaren und dann in der Temperatur des Gefühlsempfindens. Dickens hat – im Gegensatz zu den Dichtern, die für sich selbst um Mitleid und Zuspruch bitten – die Heiterkeit und Lust seiner Zeit gemehrt, ihren Blutkreislauf befördert. Die Welt ist heller geworden seit dem Tage, da der junge Stenograph des Parlaments zur Feder griff, um von Menschen und Schicksalen zu schreiben. Er hat seiner Zeit die Freude gerettet und den späteren Generationen den Frohsinn jenes „merry old England", des England zwischen den Napoleonkriegen und dem Imperialismus.

Nach vielen Jahren wird man noch zurückschauen nach dieser dann schon altväterischen Welt mit ihren seltsamen, verlorenen Berufen, die längst im Mörser des Industrialismus zerpulvert sein werden, wird sich vielleicht hineinsehnen in dies Leben, das arglos war, voll von einfachen, stillen Heiterkeiten. Dickens hat dichterisch die Idylle Englands geschaffen – das ist sein Werk. Achten wir dieses Leise, das Zufriedene nicht zu gering gegenüber dem Gewaltigen: auch die Idylle ist ein Ewiges, eine uralte Wiederkehr. Das Georgikon oder Bukolikon, das Gedicht des fliehenden, vom Schauer des Begehrens ausruhenden Menschen ist hier erneut, so wie es immer im Umschwung der Generationen wieder sich erneuern wird. Es kommt, um wieder zu vergehen, die Atempause zwischen den Erregungen, das Kraftgewinnen vor oder nach der Anstrengung, die Sekunde der Zufriedenheit im rastlos hämmernden Herzen. Andere schaffen die Gewalt, andere die Stille. Charles Dickens hat einen Augenblick der Stille in der Welt zum Gedicht gefügt. Heute ist das Leben wieder lauter, die Maschinen dröhnen, die Zeit saust in rascherem Umschwung. Aber die Idylle ist unsterblich, weil sie Lebensfreude ist; sie kehrt wieder wie der blaue Himmel hinter den Wettern, die ewige Heiterkeit des Lebens nach allen Krisen und Erschütterungen der Seele. Und so wird auch Dickens immer wieder aus seiner Vergessenheit wiederkehren, wenn Menschen der Fröhlichkeit bedürftig sind und, ermattet von den tragischen Anspannungen der Leidenschaft, auch aus den leiseren Dingen die geisterhafte Musik des Dichterischen werden vernehmen wollen.

Dostojewski

Daß du nicht enden kannst,
das macht dich groß.

Goethe, Westöstlicher Divan

Einklang

Es ist schwer und verantwortungsvoll, von Fedor Michailowitsch Dostojewski und seiner Bedeutung für unsere innere Welt würdig zu sprechen, denn dieses Einzigen Weite und Gewalt will ein neues Maß.

Ein umschlossenes Werk, einen Dichter vermeinte erstes Nahen zu finden und entdeckt Grenzenloses, einen Kosmos mit eigen kreisenden Gestirnen und anderer Musik der Sphären. Mutlos wird der Sinn, diese Welt jemals restlos zu durchdringen: zu fremd ist erster Erkenntnis ihre Magie, zu weit ins Unendliche verwölkt ihr Gedanke, zu fremd ihre Botschaft, als daß die Seele unvermittelt aufschauen könnte in diesen neuen wie in heimatlichen Himmel. Dostojewski ist nichts, wenn nicht von innen erlebt. Nur dort, ganz im Untersten, im Ewigen und Unabänderlichen unseres Seins, Wurzel in Wurzel, können wir uns Dostojewski zu verbinden hoffen; denn wie fremd scheint äußerem Blick diese russische Landschaft, die, wie die Steppen seiner Heimat, weglose, und wie wenig Welt von unserer Welt! Nichts Freundliches umfriedet dort lieblich den Blick, selten rät eine sanfte Stunde zur Rast. Mystische Dämmerung des Gefühls, trächtig von Blitzen, wechselt mit einer frostigen, oft eisigen Klarheit des Geistes, statt warmer Sonne flammt vom Himmel ein geheimnisvoll blutendes Nordlicht. Urweltlandschaft, mystische Welt hat man mit Dostojewskis Sphäre betreten, uralt und jungfräulich zugleich, und süßes Grauen schlägt einem entgegen wie vor jeder Naheit ewiger Elemente. Bald schon sehnt sich Bewunderung gläubig zu verweilen, und doch warnt eine Ahnung das ergriffene Flerz, hier dürfe es nicht heimisch werden für immer, müsse es doch wieder zurück in unsere wärmere, freundlichere, aber auch engere Welt. Zu groß ist, spürt man beschämt, diese erzene Landschaft für den täglichen Blick, zu stark, zu beklemmend diese bald eisige, bald feurige Luft für den zitternden Atem. Und die Seele würde fliehen vor der Majestät solchen Grauens, wäre nicht über dieser unerbittlich tragischen, entsetzlich irdischen Landschaft ein unendlicher Himmel der Güte sternenklar ausgespannt, Himmel auch unserer Welt, doch höher ins Unendliche gewölbt in solchem scharfen geistigen Frost, als in unseren linden Zonen. Erst der befreundete Aufblick aus dieser Landschaft zu ihrem Himmel spürt die unendliche Tröstung dieser unendlichen irdischen Trauer, und ahnt im Grauen die Größe, im Dunkel den Gott.

Nur solcher Aufblick zu seinem letzten Sinne vermag unsere Ehrfurcht vor dem Werke Dostojewskis in eine brennende Liebe zu verwandeln, nur der innerste Einblick in seine Eigenheit das Tiefbrüderliche, das Allmenschliche dieses russischen Menschen uns klarzutun. Aber wie weit und wie labyrinthisch ist dieser Niederstieg bis zum innersten Herzen des Gewaltigen; machtvoll in seiner Weite, schreckhaft durch seine Ferne, wird dies einzige Werk in gleichem Maße geheimnisvoller, als wir von seiner unendlichen Weite in seine unendliche Tiefe zu dringen suchen. Denn überall ist es mit Geheimnis getränkt. Von jeder seiner Gestalten führt ein Schacht hinab in die dämonischen Abgründe des Irdischen, hinter jeder Wand seines Werkes, jedem Antlitz seiner Menschen liegt die ewige Nacht und glänzt das ewige Licht: denn Dostojewski ist durch Lebensbestimmung und Schicksalsgestaltung allen Mysterien des Seins restlos verschwistert. Zwischen Tod und Wahnsinn, Traum und brennend klarer Wirklichkeit steht seine Welt. Überall grenzt sein persönliches Problem an ein unlösbares der Menschheit, jede einzelne belichtete Fläche spiegelt Unendlichkeit. Als Mensch, als Dichter, als Russe, als Politiker, als Prophet: überall strahlt sein Wesen von ewigem Sinn. Kein Weg führt an sein Ende, keine Frage bis in den untersten Abgrund seines Herzens. Nur Begeisterung darf ihm nahen, und auch sie nur demütig in der Beschämung, geringer zu sein als seine eigene liebende Ehrfurcht vor dem Mysterium des Menschen.

Er selbst, Dostojewski, hat niemals die Hand gerührt, um uns an sich heranzuhelfen. Die anderen Baumeister des Gewaltigen in unserer Zeit offenbarten ihren Willen. Wagner legte neben sein Werk die programmatische Erläuterung, die polemische Verteidigung, Tolstoi riß alle Türen seines täglichen Lebens auf, jeder Neugier Zutritt, jeder Frage Rechenschaft zu geben. Er aber, Dostojewski, verriet seine Absicht nie anders als im vollendeten Werk, die Pläne verbrannte er in der Glut der Schöpfung. Schweigsam und scheu war er ein Leben lang, kaum das Äußerliche, das Körperliche seiner Existenz ist zwingend bezeugt. Freunde besaß er nur als Jüngling, der Mann war einsam: wie Verminderung seiner Liebe zur ganzen Menschheit schien es ihm, einzelnen sich hinzugeben. Auch seine Briefe verraten nur Notdurft der Existenz,

Qual des gefolterten Körpers, alle haben sie verschlossene Lippen, so sehr sie Klage und Notruf sind. Viele Jahre, seine ganze Kindheit sind von Dunkel umschattet, und schon heute ist er, dessen Blick manche in unserer Zeit noch brennen sahen, menschlich etwas ganz Fernes und Unsinnliches geworden, eine Legende, ein Heros und ein Heiliger. Jenes Zwielicht von Wahrheit und Ahnung, das die erhabenen Lebensbilder Homers, Dantes und Shakespeares umwittert, entirdischt uns auch sein Antlitz. Nicht aus Dokumenten, sondern einzig aus wissender Liebe läßt sich sein Schicksal gestalten.

Allein also und führerlos muß man hinab in das Herz dieses Labyrinths zu tasten suchen und den Faden Ariadnes, der Seele, vom Knäuel der eigenen Lebensleidenschaft ablösen. Denn je tiefer wir uns in ihn versenken, desto tiefer fühlen wir uns selbst. Nur wenn wir an unser wahres allmenschliches Wesen hinangelangen, sind wir ihm nah. Wer viel von sich selbst weiß, weiß auch viel von ihm, der wie kaum einer das letzte Maß aller Menschlichkeit gewesen. Und dieser Gang in sein Werk führt durch alle Purgatorien der Leidenschaft, durch die Hölle der Laster, führt über alle Stufen irdischer Qual: Qual des Menschen, Qual der Menschheit, Qual des Künstlers und der letzten, der grausamsten, der Gottesqual. Dunkel ist der Weg, und von innen muß man glühen in Leidenschaft und Wahrheitswillen, um nicht in die Irre zu gehen: unsere eigene Tiefe erst müssen wir durchwandern, ehe wir uns in die seine wagen. Er sendet keine Boten, einzig das Erlebnis führt Dostojewski zu. Und er hat keine Zeugen, keine anderen als des Künstlers mystische Dreieinheit in Fleisch und Geist: sein Antlitz, sein Schicksal und sein Werk.

Das Antlitz

Sein Antlitz scheint zuerst das eines Bauern. Lehmfarben, fast schmutzig falten sich die eingesunkenen Wangen, zerpflügt von vieljährigem Leid, dürstend und versengt spannt sich mit vielen Sprüngen die rissige Haut, der jener Vampir zwanzigjährigen Siechtums Blut und Farbe entzogen. Rechts und links starren, zwei mächtige Steinblöcke, die slawischen Backenknochen heraus, den herben Mund, das brüchige Kinn überwuchert wirrer Busch von Bart. Erde, Fels und Wald, eine tragisch elementare Landschaft, das sind die Tiefen von Dostojewskis Gesicht. Alles ist dunkel, irdisch und ohne Schönheit in diesem Bauern- und beinahe Bettlerantlitz; flach und farblos, ohne Glanz dunkelt es hin, ein Stück russische Steppe auf Stein versprengt. Selbst die Augen, die tief eingesenkten, vermögen aus ihren Klüften nicht diesen mürben Lehm zu erleuchten, denn nicht nach außen schlägt klar und blendend ihre gerade Flamme, gleichsam nach innen ins Blut hinein brennen zehrend ihre spitzen

Blicke. Wenn sie sich schließen, stürzt der Tod sofort über dies Gesicht, und die nervöse Hochspannung, die sonst die mürben Züge zusammenhält, sinkt nieder ins lethargisch Unbelebte.

Wie sein Werk ruft dies Antlitz erst das Grauen vom Reigen der Gefühle auf, dem sich zögernd Scheu und dann leidenschaftlich, in wachsender Bezauberung, Bewunderung gesellt. Denn nur die irdische Niederung, die fleischliche, seines Antlitzes dämmert hin in dieser düster-erhabenen naturhaften Trauer. Aber wie eine Kuppel, weißstrahlend und gewölbt, hebt sich ragend über dem engen bäuerischen Gesicht die aufstrebende Rundung der Stirne: aus Schatten und Dunkel steigt blank und gehämmert der geistige Dom: harter Marmor über den weichen Lehm des Fleisches, das wüste Dickicht des Haares. Alles Licht strömt in diesem Antlitz nach oben, und blickt man in sein Bild, so fühlt man immer nur sie, diese breite mächtige, königliche Stirne, sie, die immer strahlender leuchtet und sich zu weiten scheint, je mehr das alternde Antlitz in Krankheit vergrämt und vergeht. Wie ein Himmel steht sie hoch und unerschütterlich über der Hinfälligkeit des gebrestigen Körpers, Glorie von Geist über irdischer Trauer. Und auf keinem Bilde leuchtet dies heilige Gehäuse des sieghaften Geistes glorreicher als von jenem des Totenbetts, da die Lider schlaff über die gebrochenen Augen gefallen sind, die entfärbten Hände, fahl und doch fest, das Kreuz gierig umfassen (jenes arme kleine Holzkruzifix, das einst eine Bäuerin dem Zuchthäusler schenkte). Da strahlt sie wie morgens die Sonne über nächtiges Land nieder auf das entseelte Antlitz und kündet mit ihrem Glanz die gleiche Botschaft wie alle seine Werke: daß der Geist und der Glaube ihn erlösten vom dumpfen niederen und körperlichen Leben. In letzter Tiefe ist immer Dostojewskis letzte Größe: und nie spricht sein Antlitz stärker als aus seinem Tod.

Die Tragödie seines Lebens

Non vi si pensa quanto sangue costa.
Dante

Immer ist bei Dostojewski Grauen der erste Eindruck und der zweite erst Größe. Auch sein Schicksal scheint anfangs dem flüchtigen Blick so grausam und gemein, wie sein Antlitz bäuerisch und gewöhnlich. Zuerst empfindet man es nur als eine sinnlose Marter, denn mit allen Instrumenten der Qual foltern diese sechzig Jahre den hinfälligen Körper. Die Feile der Not reibt seiner Jugend und seinem Alter die Süße weg, die Säge des körperlichen Schmerzes knirscht in sein Gebein, die Schraube der Entbehrung wühlt ihm hart bis an den Lebensnerv, die brennenden Drähte der Nerven zucken und zerren unaufhörlich durch seine Glieder, der feine Stachel der Wollust reizt unersättlich seine Leidenschaft. Keine Qual ist gespart, keine Marter vergessen. Eine sinnlose Grausamkeit, eine blindwütige Feindseligkeit scheint dies Schicksal vorerst. Rückschauend nur begreift man, daß es sich so hart zum Hammer geschmiedet, weil es Ewiges aus ihm meißeln wollte, daß es gewaltig war, um einem Gewaltigen gemäß zu sein. Denn nichts mißt es dem Maßlosen gemächlich zu, nirgends ähnelt sein Lebensgang dem gut gepflasterten breiten Bürgersteig aller anderen Dichter des neunzehnten Jahrhunderts, immer fühlt man hier eines finsteren Schicksalsgottes Lust, sich stark an dem Stärksten zu versuchen. Alttestamentarisch, heroisch und in nichts neuzeitlich und bürgerlich ist Dostojewskis Schicksal. Ewig muß er mit dem Engel ringen wie Jakob, ewig sich gegen Gott empören und ewig sich beugen wie Hiob. Nie läßt es ihn sicher werden, nie träge, immer muß er den Gott spüren, der ihn straft, weil er ihn liebt. Nicht eine Minute darf er rasten im Glück, damit sein Weg bis ins Unendliche gehe. Manchmal scheint der Dämon seines Schicksals schon innezuhalten in seinem Zorn und ihm zu verstatten, wie alle anderen die gemeine Straße des Lebens zu gehen, aber immer wieder reckt sich die gewaltige Hand und stößt ihn ins Dickicht zurück, in die brennenden Dornen. Schleudert es ihn hoch, so ist's nur, um ihn in tiefere Abgründe hinabzustürzen, ihn die ganze Weite der Ekstase und Verzweiflung zu lehren; es hebt ihn auf in Höhen des Hoffens, wo andere schwach zerschmelzen in Wollust, und wirft ihn in Schlünde des Leidens, wo alle andern zerschellen in Schmerz: und eben wie Hiob zerschmettert es ihn immer in den Augenblicken der höchsten Sicherheiten, nimmt ihm Frau und Kind, belädt ihn mit Krankheit und schändet ihn mit Verachtung, damit er nicht innehalte, mit Gott zu rechten, und ihm durch seine unaufhörliche Empörung und seine unaufhörliche Hoffnung nur mehr gewonnen sei. Es ist, als hätte sich diese Zeit lauer Menschen gerade diesen einen aufgespart, um zu zeigen, welche titanischen Maße in Lust und Qual auch unserer Welt noch möglich seien, und er, Dostojewski, scheint dumpf den gewaltigen Willen über sich zu spüren. Denn niemals wehrt er sich gegen sein Schicksal, niemals hebt er die Faust. Der Körper, der wunde, bäumt sich konvulsivisch in Zuckungen empor, aus seinen Briefen bricht manchmal wie Blutsturz ein heißer Schrei, aber der Geist, der Glaube, zwingt die Revolte nieder. Der mystisch Wissende in Dostojewski spürt das

Heilige dieser Hand, den tragisch fruchtbaren Sinn seines Schicksals. Aus seinem Leid wird Liebe zum Leiden, und mit der wissenden Glut seiner Qual umflammt er seine Zeit, seine Welt.

Dreimal schwingt ihn das Leben empor, dreimal reißt es ihn nieder. Früh schon atzt es ihn mit der süßen Speise des Ruhms: sein erstes Buch schenkt ihm einen Namen; aber rasch faßt ihn die harte Kralle und schleudert ihn wieder zurück ins Namenlose: ins Zuchthaus, in die Katorga, nach Sibirien. Wieder taucht er, nur noch stärker und mutiger, empor: seine Memoiren aus dem Totenhause reißen Rußland in einen Taumel. Der Zar selbst netzt das Buch mit seinen Tränen, die russische Jugend steht in Flammen für ihn. Er gründet eine Zeitschrift, seine Stimme tönt zum ganzen Volke, die ersten Romane entstehen. Da bricht im Wettersturz seine materielle Existenz zusammen, Schulden und Sorgen peitschen ihn aus dem Land, Krankheit beißt sich in sein Fleisch, ein Nomade, irrt er durch ganz Europa, vergessen von seiner Nation. Aber zum drittenmal, nach Jahren der Arbeit und Entbehrung, taucht er aus den grauen Gewässern namenloser Not: die Rede zu Puschkins Gedächtnis bezeugt ihn als den ersten Dichter, den Propheten seines Landes. Unauslöschlich ist nun sein Ruhm. Aber gerade jetzt schlägt ihn die eiserne Hand nieder, und die verzückte Begeisterung seines ganzen Volkes schäumt ohnmächtig gegen einen Sarg. Das Schicksal bedarf seiner nicht mehr, der grausam weise Wille hat alles erreicht, aus seiner Existenz das Höchste gewonnen an geistiger Frucht: achtlos wirft es nun die leere Hülse des Körpers hin.

Durch diese sinnvolle Grausamkeit wird Dostojewskis Leben zum Kunstwerk, seine Biographie zur Tragödie. Und in wundervoller Symbolik nimmt sein künstlerisches Werk die typische Form des eigenen Schicksals an. Schon der Anbeginn seines Lebens ist Symbol: Fedor Michailowitsch Dostojewski wird im Armenhaus geboren. Mit der ersten Stunde ist ihm so schon die Stelle seiner Existenz angewiesen, irgendwo im Abseits, im Verachteten, nahe dem Bodensatz des Lebens und doch mitten im menschlichen Schicksal, nachbarlich von Leiden, Schmerz und Tod. Niemals bis zum letzten Tage (er starb in einem Arbeiterviertel, in einer Winkelwohnung des vierten Stocks) ist er dieser Umgürtung entronnen, alle die sechsundfünfzig schweren Jahre seines Lebens bleibt er mit Elend, Armut, Krankheit und Entbehrung im Armenhaus des Lebens. Sein Vater, Militärarzt wie der Schillers, ist adliger Abstammung, seine Mutter aus Bauernblut: beide Quellen des russischen Volkstums strömen so befruchtend in seine Existenz zusammen, strenggläubige Erziehung wendet schon früh seine Sinnlichkeit zur Ekstase. Dort im Moskauer

Armenhaus, in einem engen Verschlag, den er mit seinem Bruder teilt, hat er die ersten Jahre seines Lebens verbracht. Die ersten Jahre; man wagt nicht zu sagen: seine Kindheit, denn dieser Begriff ist irgendwo aus seinem Leben verschollen. Niemals hat er von ihr gesprochen, und Dostojewskis Schweigen war immer Scham oder stolze Angst vor fremdem Mitleid. Ein grauer leerer Fleck ist dort in seiner Biographie, wo sonst bei Dichtern bunte Bilder lächelnd aufsteigen, zärtliche Erinnerungen und ein süßes Bedauern. Und doch meint man ihn zu kennen, blickt man tiefer in die brennenden Augen der Kindergestalten, die er schuf. Wie Kolja muß er gewesen sein, frühreif, phantasievoll bis zur Halluzination, voll jener flackernden, unsicheren Glut, etwas Großes zu werden, voll jenes gewaltsamen und knabenhaften Fanatismus, über sich selbst hinauszuwachsen und „für die ganze Menschheit zu leiden". Wie der kleine Njetoscha Neswanowa muß er kelchvoll gewesen sein mit Liebe und zugleich der hysterischen Angst, sie zu verraten. Und wie jener Iljutschka, der Sohn des betrunkenen Hauptmanns, voll Scham über häusliche Kläglichkeiten und den Jammer der Entbehrungen, aber doch immer bereit, seine Nächsten vor der Welt zu verteidigen.

Wie er dann, ein Jüngling, aus dieser finsteren Welt vortritt, ist die Kindheit schon weggelöscht. In die ewige Freistatt aller Unbefriedigten, das Asyl der Vernachlässigten ist er geflohen, in die bunte und gefährliche Welt der Bücher. Er hat unendlich viel damals mit seinem Bruder gemeinsam gelesen, Tag um Tag und Nacht für Nacht – schon damals trieb er, der Unersättliche, jede Neigung bis zum Laster empor –, und diese phantastische Welt entfernt ihn noch mehr von der Wirklichkeit. Voll stärkster Begeisterung zur Menschheit ist er doch bis ins Krankhafte menschenscheu und verschlossen, Glut und Eis zugleich, ein Fanatiker gefährlichster Einsamkeit. Seine Leidenschaft tappt wirr umher, geht in diesen „Kellerjahren" alle dunklen Wege der Ausschweifung, aber immer einsam, mit Ekel in aller Lust, Schuldgefühl bei jedem Glück, und immer mit verbissenen Lippen. Aus Geldnot, nur um der paar Rubel willen, geht er zum Militär: auch dort findet er keinen Freund. Ein paar dumpfe Jünglingsjahre kommen. Wie die Helden aller seiner Bücher, lebt er in einem Winkel ein troglodytisches Dasein, träumend, sinnend, mit allen geheimen Lastern des Denkens und der Sinne. Sein Ehrgeiz weiß noch keinen Weg, er lauscht auf sich selbst und bebrütet seine Kraft. Er spürt sie mit Wollust und Grauen tief unten gären, er liebt sie und fürchtet sie, er wagt nicht, sich zu rühren, um dies dumpfe Werden nicht zu zerstören. Ein paar Jahre verharrt er in diesem schwarzen, formlosen Puppenstand von Einsamkeit und Schweigen, Hypochondrie fällt ihn an, eine mystische Angst zu sterben, ein

Grauen oft vor der Welt, oft vor sich selbst, ein urmächtiger Schauer vor dem Chaos in der eigenen Brust. In den Nächten übersetzt er, um seinen verwirrten Finanzen aufzuhelfen (sein Geld zerfloß, typisch genug, in den gegensätzlichen Neigungen, in Almosen und Ausschweifungen), Balzacs Eugénie Grandet und Schillers Don Carlos. Aus dem trüben Dunst dieser Tage ballen sich langsam eigene Formen, und endlich reift aus diesem vernebelten, traumhaften Zustand von Angst und Ekstase sein erstes dichterisches Werk, der kleine Roman „Arme Leute".

1844, mit vierundzwanzig Jahren, hat er diese meisterhafte Menschenstudie geschrieben, „mit leidenschaftlicher Glut, ja fast unter Tränen". Seine tiefste Demütigung, die Armut, hat es gezeugt, seine höchste Gewalt, die Liebe zum Leid, das unendliche Mitleiden es gesegnet. Mißtrauisch betrachtet er die beschriebenen Blätter. Er ahnt darin eine Frage an das Schicksal, die Entscheidung, und nur mühsam entschließt er sich, Nekrasoff, dem Dichter, das Manuskript zur Prüfung anzuvertrauen. Zwei Tage vergehen ohne Antwort. Einsam grüblerisch sitzt er nachts zu Hause, arbeitet, bis die Lampe verqualmt. Plötzlich um vier Uhr morgens wird heftig an der Klingel gerissen, und Dostojewski, dem erstaunt Öffnenden, stürzt Nekrasoff in die Arme, küßt ihn und jubelt ihm zu. Er und ein Freund hatten gemeinsam das Manuskript gelesen, die ganze Nacht gehorcht, gejubelt und geweint, und am Ende hielt es beide nicht: sie mußten ihn umarmen. Es ist Dostojewskis erste Lebenssekunde, diese Klingel nachts, die ihn zum Ruhm ruft. Bis in den hellen Morgen tauschen die Freunde Glück und Ekstase in heißen Worten. Dann eilt Nekrasoff zu Bjelinski, dem allmächtigen Kritiker Rußlands. „Ein neuer Gogol ist erstanden", ruft er schon an der Türe, das Manuskript wie eine Fahne schwingend. „Bei euch wachsen die Gogols wie die Pilze", brummt der Mißtrauische, durch so viel Begeisterung verärgert. Aber als Dostojewski ihn am nächsten Tag besucht, ist er verwandelt. „Ja, begreifen Sie denn selbst, was Sie da geschaffen haben", schreit er voll Erregung den verwirrten jungen Menschen an. Grauen überfällt Dostojewski, ein süßer Schauer vor diesem neuen plötzlichen Ruhm. Wie im Traum geht er die Treppe hinab, an der Straßenecke bleibt er taumelnd stehen. Zum erstenmal fühlt er und wagt doch nicht, es zu glauben, daß all dies Dunkle und Gefährliche, das ihm das Herz auftrieb, ein Gewaltiges ist und vielleicht das „Große", von dem seine Kindheit wirr geträumt, die Unsterblichkeit, das Leiden für die ganze Welt. Erhebung und Zerknirschung, Stolz und Demut schwanken wirr durch seine Brust, er weiß nicht, welcher Stimme er glauben soll. Trunken taumelt er über die Straße, und in seine Tränen mischen sich Glück und Schmerz.

So melodramatisch geschieht Dostojewskis Entdeckung zum Dichter. Auch hier ahmt die Form seines Lebens die seiner Werke geheimnisvoll nach. Hier wie dort haben die rohen Konturen etwas von der banalen Romantik eines Schauerromans. In Dostojewskis Leben ist oft der Ansatz Melodram, aber immer wird es zur Tragödie. Es ist ganz auf Spannung gestellt: in einzelne Sekunden, ohne Übergang, sind die Entscheidungen komprimiert, mit zehn oder zwanzig solcher Sekunden der Ekstase oder des Niedersturzes sein ganzes Schicksal fixiert. Epileptische Ausbrüche des Lebens – eine Sekunde Ekstase und ohnmächtiger Zusammenbruch – könnte man sie nennen. Jeder Aufschwung ist bezahlt durch Niedersturz, und diese eine Sekunde der Begnadung mit vielen hoffnungslosen Stunden des Robots und der Verzweiflung. Der Ruhm, dieser funkelnde Reif, den ihm Bjelinski in jener Stunde aufs Haupt drückt, ist auch gleichzeitig schon der erste Ring einer Fußkette, an der Dostojewski klirrend sein Leben lang die schwere Kugel der Arbeit schleppt. Die „Hellen Nächte", sein erstes Buch, bleibt auch das letzte, das er als freier Mann einzig um der schöpferischen Freude willen schuf. Dichten besagt für ihn von nun ab auch: erwerben, zurückerstatten, denn jedes Werk, das er seither beginnt, ist vor der ersten Zeile schon mit Vorschuß verpfändet, das noch ungeborene Kind in die Sklaverei des Gewerbes verkauft. Für immer ist er jetzt in das Bagno der Literatur gemauert, ein Leben lang gellen die verzweifelten Schreie des Eingesperrten nach Freiheit, aber erst der Tod bricht seine Ketten. Noch ahnt der Beginner nicht die Qual in der ersten Lust. Ein paar Novellen sind rasch vollendet, und schon plant er einen neuen Roman.

Da hebt das Schicksal warnend den Finger. Er will nicht, sein wachsamer Dämon, daß ihm das Leben zu leicht werde. Und damit er es erkennen lerne in allen seinen Tiefen, sendet ihm der Gott, den er liebt, seine Prüfung.

Wieder wie damals in der Nacht gellt die Klingel, Dostojewski öffnet erstaunt, aber diesmal ist's nicht die Stimme des Lebens, ein jubelnder Freund, Botschaft des Ruhms, sondern Ruf des Todes. Offiziere und Kosaken dringen in sein Zimmer, der Aufgestörte wird verhaftet, seine Papiere versiegelt. Vier Monate schmachtet er in einer Zelle der Sankt-Pauls-Festung, ohne das Verbrechen zu ahnen, dessen man ihn beschuldigt: Teilnahme an den Diskussionen einiger aufgeregter Freunde, die man übertrieben die Petraschewskysche Verschwörung genannt hat, ist sein ganzes Delikt, seine Verhaftung zweifellos ein Mißverständnis. Dennoch blitzt plötzlich die Verurteilung nieder zur härtesten Strafe, zum Tode durch Pulver und Blei. Wieder drängt sich sein Schicksal in eine neue Sekunde, die engste und reichste seiner Existenz, eine unendliche Sekunde, in der sich Tod und Leben die Lippen reichen zum brennenden Kuß. Im Morgengrauen wird er mit neun Gefährten aus dem Gefängnis geholt, ein Sterbehemd ihm umgeworfen, die Glieder an den Pfahl geschnürt und die Augen verbunden. Er hört sein Todesurteil lesen und die Trommeln knattern – sein ganzes Schicksal ist zusammengepreßt in eine Handvoll Erwartung, unendliche Verzweiflung und unendliche Lebensgier in ein einziges Molekül Zeit. Da hebt der Offizier die Hand, winkt mit dem weißen Tuche und verliest die Begnadigung, das Todesurteil in sibirisches Gefängnis verwandelnd.

In einen Abgrund ohne Namen stürzt er jetzt hinab aus seinem ersten jungen Ruhm. Vier Jahre lang umgrenzen fünfzehnhundert eichene Pfähle seinen ganzen Horizont. An ihnen zählt er mit Kerben und mit Tränen Tag um Tag die viermal dreihundertfünfundsechzig Tage ab. Seine Genossen sind Verbrecher, Diebe und Mörder, seine Arbeit Alabasterschleifen, Ziegeltragen, Schneeschaufeln. Die Bibel wird das einzig verstattete Buch, ein räudiger Hund und ein flügellahmer Adler seine einzigen Freunde. Vier Jahre weilt er im „Totenhaus", in der Unterwelt, Schatten zwischen Schatten, namenlos und vergessen. Als sie ihm dann die Kette von den wunden Füßen abschmieden und die Pfähle hinter ihm liegen, eine braune, morsche Mauer, ist er ein anderer: seine Gesundheit zerstört, sein Ruhm zerstäubt, seine Existenz vernichtet. Nur seine Lebenslust bleibt unversehrt und unversehrbar: heller als je flammt aus dem schmelzenden Wachs seines zerkneteten Körpers die heiße Flamme der Ekstase. Ein paar Jahre noch muß er in Sibirien verbleiben, halbfrei und ohne die Verstattung, eine Zeile zu veröffentlichen. Dort in der Verbannung, in bitterster Verzweiflung und Einsamkeit, geht er jene seltsame Ehe mit seiner ersten Frau ein, einer kranken und eigenartigen, die seine mitleidige Liebe unwillig erwidert. Irgendeine dunkle Tragödie der Aufopferung ist in diesem seinen Entschluß für immer der Neugier und Ehrfurcht verborgen, nur aus einigen Andeutungen in den „Erniedrigten und Beleidigten" vermag man den schweigsamen Heroismus dieser phantastischen Opfertat zu ahnen.

Ein Vergessener, kehrt er nach Petersburg zurück. Seine literarischen Gönner haben ihn fallen gelassen, seine Freunde sich verloren. Aber mutig und kraftvoll ringt er sich aus der Welle, die ihn niederwarf, wieder ans Licht. Seine „Erinnerungen aus dem Totenhause", diese unvergängliche Schilderung einer Sträflingszeit, reißen Rußland aus der Lethargie gleichgültigen Miterlebens. Mit Grauen entdeckt die ganze Nation, daß ganz atemnah unter der flachen Schicht ihrer ruhigen Welt eine andere waltet, ein Purgatorium aller Qualen.

Bis in den Kreml empor schlägt die Flamme der Anklage, der Zar schluchzt über dem Buche, von tausend Lippen klingt Dostojewskis Name. In einem einzigen Jahr ist sein Ruhm wieder erbaut, höher und dauerhafter als je. Gemeinsam mit seinem Bruder gründet der Auferstandene eine Zeitschrift, die er selbst fast allein schreibt, dem Dichter gesellt sich der Prediger, der Politiker, der „Praeceptor Russiae". Stürmisch tönt der Widerhall, die Zeitschrift hat weiteste Verbreitung, ein Roman wird vollendet, heimtückisch, mit vielen blinzelnden Blicken lockt ihn das Glück. Dostojewskis Schicksal scheint für immer gesichert.

Aber noch einmal sagt der dunkle Wille, der über seinem Leben waltet: es ist zu früh. Denn eine irdische Qual ist ihm noch fremd, die Marter des Exils und die fressende Angst der täglichen, erbärmlichen Nahrungssorgen. Sibirien und die Katorga, die grauenhafteste Verzerrung Rußlands, sie war immerhin noch Heimat gewesen, nun soll er noch die Sehnsucht des Nomaden nach dem Zelte kennenlernen um der urmächtigen Liebe zum eigenen Volk willen. Noch einmal muß er zurück ins Namenlose, noch tiefer hinab in das Dunkel, ehe er der Dichter, der Herold seiner Nation sein darf. Wieder zuckt ein Blitz nieder, eine Sekunde der Vernichtung: die Zeitschrift wird verboten. Wieder ist es ein Mißverständnis und gleich mörderisch wie das erste. Und nun fällt, Wetterschlag auf Wetterschlag, das Grauen mitten in sein Leben. Seine Frau stirbt, kurz nach ihr sein Bruder und gleichzeitig sein bester Freund und Helfer. Zweier Familien Schulden hängen sich bleiern an ihn und krümmen sein Rückgrat unter unerträglicher Last. Noch wehrt er sich verzweifelt, arbeitet Tag und Nacht wie im Fieber, schreibt, redigiert, druckt selbst, nur um Geld zu ersparen, die Ehre, die Existenz zu retten, aber das Schicksal ist stärker als er. Wie ein Verbrecher flüchtet er vor seinen Gläubigern eines Nachts hinaus in die Welt.

Nun beginnt jene jahrelange ziellose Wanderung durch das europäische Exil, jene grauenhafte Abschnürung von Rußland, dem Blutquell seines Lebens, die ärger seine Seele beengte als die Pfähle der Katorga. Furchtbar ist es auszudenken, wie der größte russische Dichter, der Genius seiner Generation, der Bote einer Unendlichkeit, mittellos, heimatlos, ziellos von Land zu Land irrt. Mit Mühe findet er Herbergen in kleinen niederen Zimmern, die der Dunst der Armut füllt, der Dämon der Epilepsie krallt sich an seine Nerven, Schulden, Wechsel, Verpflichtungen peitschen ihn von Arbeit zu Arbeit, Verlegenheit und Scham jagen ihn von Stadt zu Stadt. Blinkt ein Strahl Glück in sein Leben, so schiebt das Schicksal sogleich neue dunkle Wolken vor. Ein junges Mädchen, seine Stenographin, war seine zweite Frau geworden, aber das erste Kind, das sie ihm schenkt, rafft die Entkräftung, die Not des Exils schon nach wenigen Tagen fort. War Sibirien das Purgatorium, der Vorhof seines Leidens, so ist Frankreich, Deutschland, Italien sicherlich seine Hölle. Kaum wagt man sich diese tragische Existenz zu vergegenwärtigen. Aber immer in Dresden, wenn ich durch die Straßen gehe, vorbei an irgendeinem niederen und schmutzigen Haus, so faßt mich's an, ob er da nicht irgendwo wohnte, zwischen kleinen sächsischen Krämern und Handlangern, oben im vierten Stock, einsam, unendlich einsam in dieser fremden Geschäftigkeit. Keiner hat ihn gekannt in all diesen Jahren. Eine Stunde weit in Naumburg wohnt Friedrich Nietzsche, der einzige, der ihn verstehen könnte, Richard Wagner, Hebbel, Flaubert, Gottfried Keller, die Zeitgenossen sind da, aber er weiß von ihnen nichts und sie nicht von ihm.

Wie ein großes gefährliches Tier, struppig und in abgetragenen Kleidern, schleicht er aus seiner Arbeitshöhle scheu auf die Straße, immer den gleichen Weg, in Dresden, in Genf, in Paris: ins Café, in einen Klub, nur um russische Zeitungen zu lesen. Rußland will er spüren, Heimat, den bloßen Anblick der cyrillischen Lettern, den flüchtigen Atem des heimischen Wortes. Manchmal setzt er sich, nicht aus Liebe zur Kunst (ewig blieb er der byzantinische Barbar, der Bilderstürmer), sondern um sich zu wärmen, in die Galerie. Er weiß nichts von den Menschen, die um ihn sind, er haßt sie nur, weil sie nicht Russen sind, haßt die Deutschen in Deutschland, die Franzosen in Frankreich. Sein Herz horcht nach Rußland, nur sein Körper vegetiert teilnahmslos in dieser fremden Welt. Kein Gespräch, keine Begegnung hat irgendeiner der deutschen, französischen oder italienischen Dichter bezeugt. Nur im Bankhaus kennen sie ihn, wo er bleich tagtäglich an den Schalter kommt und mit vor Erregung zitternder Stimme fragt, ob nicht endlich der Wechsel aus Rußland gekommen sei, die hundert Rubel, für die er sich tausendfach in Worten vor niedrigen und fremden Menschen in die Knie gestürzt. Schon lachen die Angestellten über den armen Narren und seine ewige Erwartung. Auch im Pfandhaus ist er steter Gast: alles hat er dort versetzt, einmal sogar seine letzte Hose, um nur ein Telegramm nach Petersburg senden zu können, einen jener markerschütternden Schreie, wie sie immer wieder gellend in seinem Briefe wiederkehren. Das Herz krampft sich zusammen, liest man die speichelleckerisch, hündisch demütigenden Briefe dieses Gewaltigen, in denen er um zehn erbetener Rubel willen fünfmal den Heiland anruft, diese entsetzlichen Briefe, die keuchen, heulen und winseln für eine erbärmliche Handvoll Geld. Die Nächte hindurch arbeitet er und schreibt, während seine Frau nebenan in den Wehen stöhnt, während die Epilepsie schon die Kralle spannt, ihm das Leben aus der

Kehle zu pressen, während die Hausfrau mit der Polizei um ihre Miete droht und die Hebamme um ihre Bezahlung keift – schreibt er „Raskolnikow", den „Idioten", die „Dämonen", den „Spieler", diese monumentalen Werke des neunzehnten Jahrhunderts, diese universellen Gestaltungen unserer ganzen seelischen Welt. Die Arbeit ist seine Rettung und seine Qual. In ihr lebt er in Rußland, in der Heimat. In der Ruhe schmachtet er in Europa, in der Katorga. Immer tiefer stürzt er sich darum in seine Werke hinein. Sie sind das Elixier, das ihn trunken macht, sie sind das Spiel, das seine Nerven, die gepeinigten, zu höchster Lust anspannt. Und zwischendurch zählt er, wie einst die Pfähle des Zuchthauses, gierig die Tage: heimkehren können als Bettler, aber nur heimkehren! Rußland, Rußland, Rußland ist der ewige Schrei seiner Not. Aber noch darf er nicht zurück, noch muß er der Namenlose bleiben um des Werkes willen, der Märtyrer all dieser fremden Straßen, der einsame Dulder ohne Schrei und Klage. Noch muß er beim Gewürm des Lebens wohnen, ehe er aufsteigt in die große Herrlichkeit des ewigen Ruhms. Schon ist sein Körper ausgehöhlt von den Entbehrungen, immer häufiger schmettern die Keulenschläge der Krankheit auf sein Gehirn, daß er tagelang betäubt liegen bleibt, mit verdunkelten Sinnen, um sich mit erster Kraft taumelnd wieder an den Schreibtisch zu schleppen. Fünfzig Jahre ist Dostojewski alt: aber er hat die Qual von Jahrtausenden erlebt.

Da sagt endlich, im letzten, drängendsten Augenblick sein Schicksal: es ist genug. Gott wendet Hiob wieder sein Antlitz zu: mit zweiundfünfzig Jahren darf Dostojewski wieder zurück nach Rußland. Seine Bücher haben für ihn geworben, Turgenjeff, Tolstoi sind verschattet. Rußland blickt nur mehr auf ihn. Das „Tagebuch eines Schriftstellers" macht ihn zum Herold seines Volkes, und mit letzter Kraft und höchster Kunst vollendet er sein Testament an die Zukunft der Nation: „Die Karamasow". Und nun entschleiert sein Schicksal endgültig ihm den Sinn und schenkt dem Geprüften eine Sekunde höchsten Glücks, die ihm weisen soll, daß der Same seines Lebens in unendlicher Saat aufgegangen ist. Endlich ist in einem Augenblick Dostojewskis sein Triumph so zusammengedrängt wie einst seine Qual, einen Blitz schickt ihm sein Gott, aber diesmal nicht einen, der ihn niederschlägt, sondern einen, der ihn wie seine Propheten mit feurigem Wagen ins Ewige entrückt. Zum achtzigsten Geburtstag Puschkins sind die großen Dichter Rußlands entboten, die Festrede zu halten. Turgenjeff, der Westler, der Dichter, der ein Leben lang ihm den Ruhm usurpierte, hat den Vorrang und spricht unter lauer und freundlicher Zustimmung. Am nächsten Tag ist das Wort Dostojewski gegeben, und er faßt es in dämonischer Trunkenheit wie einen Donnerkeil. Mit Flammen der Ekstase, die aus seiner leisen, heiseren Stimme plötzlich wie ein Gewitter bricht, verkündet er die heilige Mission der russischen Allversöhnung, wie hingemäht stürzen die Zuhörer an seine Knie. Der Saal erbebt unter der Explosion des Jubels, Frauen küssen ihm die Hände, ein Student bricht ohnmächtig vor ihm zusammen, alle anderen Redner verzichten auf das Wort. Ins Unendliche wächst die Begeisterung und feurig entbrennt die Glorie über dem Haupt mit der Dornenkrone.

Dies wollte sein Schicksal noch: in einer glühenden Minute die Erfüllung seiner Mission, den Triumph des Werkes zeigen. Dann wirft es – die reine Frucht ist gerettet – die verdorrte Hülse seines Körpers hin. Am 10. Februar 1881 stirbt Dostojewski. Ein Schauer geht durch Rußland. Ein Augenblick wortloser Trauer. Aber dann flutet's heran, aus den fernsten Städten reisen gleichzeitig und doch ohne Vereinbarung Deputationen, ihm die letzte Ehre zu erweisen. Aus allen Winkeln der tausendhäuserigen Stadt schäumt jetzt – zu spät! zu spät! – die ekstatische Liebe der Menge heran, alles will den Toten sehen, den sie ein Leben lang vergessen. Die Schmiedestraße, in der er auf gebahrt ist, braust schwarz von Menschen, finstere Massen schwemmen in schauerndem Schweigen die Stiegen des Arbeiterhauses empor und füllen die engen Räume bis hart an den Sarg. Nach ein paar Stunden ist der Blumenschmuck verschwunden, unter den man ihn gebettet, weil hundert Hände sich einzelne Blüten als kostbare Reliquie mitnehmen. So stickig wird die Luft des engen Raumes, daß die Kerzen keine Nahrung mehr haben und verlöschen. Immer drängender fluten die Massen heran, Welle auf Welle gegen den Toten. Von ihrem Ansturm schwankt der Sarg und will hinstürzen: mit den Händen müssen ihn die Witwe, die erschreckten Kinder aufrecht halten. Der Polizeipräsident will das öffentliche Leichenbegängnis verbieten, bei dem die Studenten die Ketten des Sträflings hinter seinem Sarge zu tragen planen, aber er wagt es schließlich nicht gegen eine Begeisterung, die sonst mit Waffen sich die Teilnahme erzwungen hätte. Und bei dem Leichenzuge wird plötzlich Dostojewskis heiliger Traum für eine Stunde zum Geschehnis: das einige Rußland. Wie in seinem Werk durch das bruderselige Gefühl alle Klassen und Stände Rußlands, so sind die Hunderttausende hinter dem Sarg durch ihren Schmerz eine einzige Masse; junge Prinzen, prunkvolle Popen, Arbeiter, die Studenten, Offiziere, Lakaien und Bettler, sie alle unter einem wehenden Wald von Fahnen und Bannern klagen mit einer Stimme um den teuren Toten. Die Kirche, in der man ihn eingesegnet, ist ein einziger Blumenhain, und vor seinem offenen Grabe vereinigen sich alle Parteien zu einem Schwur der Liebe und Bewunderung. So schenkt er seiner Nation mit seiner letzten Stunde einen Augenblick der Versöhnung und hält mit dämonischer Kraft noch einmal die zur Raserei gespannten Gegensätze seiner Zeit zusammen. Und wie ein grandioser Salut für den Toten springt hinter seinem letzten Weg die furchtbare Mine auf: die Revolution. Drei Wochen später wird der Zar ermordet, der Donner des Aufstandes rollt, Blitze der Züchtigung durchzucken das Land: wie Beethoven stirbt Dostojewski im heiligen Aufruhr der Elemente, im Gewitter.

Sinn seines Schicksals

Ein Meister bin ich worden
Zu tragen Lust und Leid,
Und meine Lust zu leiden,
Ward mir zur Seligkeit.
Gottfried Keller

Ein unaufhörlicher Kampf ist zwischen Dostojewski und seinem Schicksal, eine Art liebevoller Feindschaft. Alle Konflikte spitzt es ihm schmerzhaft zu, alle Kontraste dehnt es ihm zum Zerreißen schmerzhaft auseinander; es tut ihm weh, das Leben, weil es ihn liebt, und er liebt es, weil es ihn so stark faßt, denn im Leiden erkennt dieser Wissendste die stärkste Möglichkeit des Gefühls. Wie Jakob ringt es mit ihm, die unendliche Nacht seines Lebens bis zum Morgenrot des Todes und läßt ihn nicht aus der Umkrampfung, ehe er es nicht gesegnet hat. Und Dostojewski, der „Gottesknecht", begreift die Größe dieser Botschaft und findet höchstes Glück darin, der ewig Bezwungene unendlicher Mächte zu sein. Mit fiebernden Lippen küßt er sein Kreuz: „Es gibt für den Menschen kein notwendigeres Gefühl, als sich vor dem Unendlichen beugen zu können." In die Knie gebrochen unter der Last seines Schicksals, hebt er fromm die Hände und bezeugt die heilige Größe des Lebens.

In dieser Leibeigenschaft des Schicksals ist Dostojewski durch Demut und Erkenntnis der große Überwinder alles Leidens geworden, der mächtigste Meister und Umwerter seit den Tagen des Testaments. Je tiefer sein Körper stürzt, desto höher schwingt sich sein Glaube, je mehr er als Mensch erleidet, um so seliger erkennt er den Sinn und die Notwendigkeit des Weltleidens.

Amor fati, die hingegebene Liebe zum Schicksal, die Nietzsche als das fruchtbarste Gesetz des Lebens preist, läßt ihn in jeder Feindlichkeit nur die Fülle fühlen, jede Heimsuchung als Heil. Wie Bileam verwandelt jeder Fluch sich dem Auserwählten zum Segen, jede Erniedrigung in Erhöhung. In Sibirien, Ketten an den Füßen, verfaßt er einen Hymnus an den Zaren, der ihn unschuldig zum Tode verurteilt, in uns unverständlicher Demut küßt er immer wieder die Hand, die ihn züchtigt; wie Lazarus noch fahl vom Sarge erstehend, ist er immer bereit, Zeugnis für die Schönheit des Lebens abzulegen, und aus seinem täglichen Sterben, aus seinen Krämpfen und epileptischen Zuckungen, noch Schaum vor dem Munde, rafft er sich auf, den Gott zu lobpreisen, der ihm diese Prüfung gesandt. Alles Leiden zeugt in seiner aufgetanen Seele neue Liebe zum Leiden, unersättlichen, lechzenden flagellantischen Durst nach neuen Märtyrerkronen. Schlägt ihn das Schicksal hart, so stöhnt er, blutend zusammenstürzend, schon nach neuen Schlägen. Jeden Blitz, der ihn trifft, fängt er auf und verwandelt, was ihn verbrennen sollte, in seelisches Feuer und schöpferische Ekstase.

Gegen eine solche dämonische Verwandlungskraft des Erlebnisses verliert das äußere Schicksal gänzlich seine Herrschaft. Was Strafe und Prüfung scheint, wird dem Wissenden Hilfe, was den Menschen in die Knie stürzen soll, richtet den Dichter erst eigentlich auf. Was einen Schwächeren zermalmt hätte, stählt diesem Ekstatiker nur die Kraft. Das Jahrhundert, das gern mit Sinnbildern spielt, gibt eine Probe solcher Doppelwirkung gleichen Erlebnisses. Einen anderen Dichter unserer Welt, Oscar Wilde, streift ähnlicher Blitz. Beide stürzen sie, Schriftsteller von Namen, Adelige von Rang, eines Tages aus der bürgerlichen Sphäre ihrer Existenz ins Zuchthaus hinab. Aber der Dichter Wilde wird in dieser Prüfung zermalmt wie in einem Mörser, der Dichter Dostojewski aus ihr erst geformt wie Erz in feurigem Tiegel. Denn Wilde, der noch sozial empfindet, mit dem äußeren Instinkt des Gesellschaftsmenschen, fühlt sich geschändet durch das bürgerliche Brandmal, und das Furchtbarste an Erniedrigung wird ihm jenes Bad in Reading Goal, wo sein gepflegter Edelmannsleib in das von zehn anderen Sträflingen schon beschmutzte Wasser hinab muß. Eine ganz privilegierte Klasse, die Kultur der Gentlemen, schauert in seinem Grauen vor der physischen Vermengung mit dem Gemeinen. Dostojewski, der neue Mensch über allen Ständen, brennt dieser Gemeinsamkeit entgegen mit schicksalstrunkener Seele, zum Purgatorium seines Stolzes wird ihm das gleiche schmutzige Bad. Und in der demütigen Hilfeleistung eines schmierigen Tartaren erlebt er ekstatisch das christliche Mysterium der Fußwaschung. Wilde, in dem der Lord den Menschen überlebt, leidet bei den

Sträflingen unter der Furcht, sie möchten ihn für ihresgleichen nehmen, Dostojewski leidet nur so lange, als Diebe und Mörder ihm noch die Bruderschaft verweigern, denn er fühlt jeden Abstand, jede Nicht-Bruderschaft als Makel, als Unzulänglichkeit seiner Menschlichkeit. Wie Kohle und Diamant gleiches Element, so ist dies Doppelschicksal eines und doch ein anderes für diese beiden Dichter. Wilde ist fertig, wie er aus dem Zuchthaus kommt, Dostojewski beginnt erst, Wilde verbrennt zur wertlosen Schlacke in gleicher Glut, die Dostojewski zu funkelnder Härte formt. Wilde wird gezüchtigt wie ein Knecht, weil er sich wehrt, Dostojewski triumphiert über sein Schicksal durch Liebe zu seinem Schicksal.

Solch ein Umwandler seiner Heimsuchungen ist Dostojewski, solch ein Umwerter aller Erniedrigungen, daß nur ein härtestes Schicksal ihm gemäß war. Denn gerade aus den äußeren Gefahren seiner Existenz hat er die höchsten inneren Sicherheiten gewonnen, seine Qualen werden ihm Gewinn, seine Laster Steigerungen, seine Hemmungen Auftriebe. Sibirien, die Katorga, die Epilepsie, die Armut, die Spielwut, die Wollüstigkeit, all diese Krisen seiner Existenz werden durch eine dämonische Umwertungskraft fruchtbar in seiner Kunst, denn wie die Menschen ihre kostbarsten Metalle aus den schwärzesten Tiefen der Bergwerke, so gewinnt der Künstler seine flammendsten Wahrheiten, seine letzten Erkenntnisse immer nur aus den gefährlichsten Abgründen seiner Natur. Künstlerisch gesehen eine Tragödie, ist das Leben Dostojewskis moralisch eine Errungenschaft ohnegleichen, weil Triumph des Menschen über sein Schicksal, eine Umwertung der äußeren Existenz durch die innere Magie.

Ohne Beispiel vor allem der Triumph geistiger Lebenskraft über einen siechen, gebrestigen Körper. Vergessen wir nicht, daß Dostojewski ein Kranker war, daß dieses eherne unvergängliche Werk aus geborstenen hinfälligen Gliedern, aus zuckenden und glühend flackernden Nerven gewonnen ist. Mitten durch seinen Körper war gefährlichstes Leiden gepfählt, ewig gegenwärtiges grauenhaftes Sinnbild des Todes: die Fallsucht. Dostojewski war Epileptiker die ganzen dreißig Jahre seiner Künstlerschaft. Mitten im Werk, auf der Straße, im Gespräch, selbst im Schlaf krallt sich plötzlich die Hand des „würgenden Dämons" um seine Kehle und schmettert ihn so jäh, Schaum vor dem Munde, zu Boden, daß der überraschte Körper sich im Falle blutig schlägt. Das nervöse Kind spürt schon in seltsamen Halluzinationen, in grauenhaften psychischen Anspannungen das Wetterleuchten der Gefahr, zum Blitz wird aber „die heilige Krankheit" erst im Zuchthaus geschmiedet. Dort preßt sie die ungeheure Überspannung der Nerven urmächtig heraus, und wie jedes Unglück, wie Armut und Entbehrung, bleibt die Körpernot Dostojewski treu bis in die letzte Stunde. Seltsam aber: niemals lehnt sich der Gemarterte mit einem Wort gegen die Prüfung auf. Nie klagt er über sein Gebrechen wie Beethoven über seine Taubheit, Byron über seinen verkürzten Fuß, Rousseau über sein Blasenleiden, ja nirgends ist bezeugt, daß er jemals ernstlich dagegen Heilung gesucht habe. Getrost darf man das Unwahrscheinliche als gewiß nehmen, daß er mit jenem unendlichen amor fati diese seine Krankheit liebte, als Schicksal liebte wie jedes seiner Laster und Gefahren. Die Spürsucht des Dichters bändigt das Leiden des Menschen: Dostojewski wird Herr seines Leidens, indem er es belauscht. Die äußerste Gefahr seines Lebens, die Epilepsie, er verwandelt sie in ein höchstes Geheimnis seiner Kunst: eine nie gekannte geheimnisvolle Schönheit saugt er aus diesen Zuständen, die wundervoll in den Augenblicken taumelnden Vorgefühls gesammelte Ichekstase. In ungeheuerlichster Abbreviatur ist hier der Tod mitten im Leben erlebt und in dieser einen Sekunde vor dem jedesmaligen Sterben, die stärkste, berauschendste Essenz des Seins, die pathologisch gesteigerte Anspannung des „Sichselbstempfindens“. Wie ein magisches Symbol bringt ihm das Schicksal immer wieder seinen intensivsten Lebensaugenblick, die Minute am Semenowski-Platz, ins Blut zurück, als sollte er niemals den grausigen Kontrast zwischen dem All und dem Nichts in seinem Gefühl verlernen. Auch hier schnürt immer Dunkel den Blick, auch hier stürzt wie Wasser aus übervoller, gebeugter Schale die Seele dem Körper aus, schon zittert sie mit gespannten Flügeln zu Gott empor, schon spürt sie überirdisches Licht auf den entkörperten Schwingen, Strahl und Gnade einer anderen Welt, schon sinkt die Erde, schon tönen die Sphären – da stürzt ihn der Donner des Erwachens wieder zerbrochen ins gemeine Leben hinab. Immer wenn Dostojewski diese eine Minute beschreibt, das traumhafte Glücksgefühl, das seine unerhörte Scharfsichtigkeit beobachtend beseelt, wird seine Stimme leidenschaftlich in Rückerinnerung und der Augenblick des Grauens zum Hymnus: „Ihr gesunden Menschen, ihr ahnt nicht“, predigt er begeistert, „welches Wonnegefühl den Epileptiker eine Sekunde vor dem Anfall durchdringt. Mohammed erzählt im Koran, er sei im Paradies gewesen in der kurzen Frist, da sein Krug umstürzte und das Wasser ausrann, und alle klugen Narrenköpfe behaupten, er sei ein Lügner und Betrüger. Das ist aber nicht wahr, er lügt nicht. Sicher war er im Paradies während eines epileptischen Anfalls, einer Krankheit, an der er, wie ich selber, litt. Ich weiß nie, ob diese Wonnesekunde Stunden dauert, aber glaubt mir, alle Freude des Lebens möchte ich nicht dafür eintauschen.“

In dieser glühenden Sekunde geht Dostojewskis Blick über das einzelne der Welt hinaus und umfaßt in lodernden Allgefühl die Unendlichkeit. Aber was er verschweigt, ist die bittere Züchtigung, mit der er jede dieser krampfhaften Annäherungen an Gott bezahlt. Ein grauenhafter Zusammenbruch klirrt die kristallenen Sekunden in reißende Scherben, mit zerbrochenen Gliedern und stumpfen Sinnen stürzt er, ein anderer Ikarus, in die irdische Nacht zurück. Das Gefühl, noch geblendet vom unendlichen Licht, tastet sich mühsam im Gefängnis des Körpers zurecht, wie Würmer kriechen die Sinne blind am Boden des Seins, die eben mit seligen Schwingen Gottes Antlitz umfingen. Dostojewskis Zustand nach jedem Anfall ist ein fast idiotisches Dämmern, dessen ganzes Grauen er sich selbst im Fürsten Myschkin mit flagellantischer Deutlichkeit ausgemalt hat. Er liegt im Bett mit zerschlagenen, oft zerstoßenen Gliedern, die Zunge gehorcht nicht dem Laut, die Hand nicht der Feder, mürrisch und niedergeschlagen wehrt er sich gegen alle Gemeinschaft. Die Helligkeit des Gehirns, das tausend Einzelheiten eben in harmonischer Verkürzung umfaßte, ist zerschellt, er weiß sich der nächsten Dinge nicht mehr zu erinnern. Einmal, nach einem Anfall während der Niederschrift „Dämonen", fühlt er mit Grauen, daß ihm nichts mehr bewußt ist von all den Geschehnissen der eigenen Erfindung; selbst den Namen des Helden hat er vergessen. Erst mühsam lebt er sich wieder in die Gestaltung hinein, treibt die erschlaffenden Visionen mit drängendem Willen wieder zu voller Glut auf, bis – bis ihn eben ein neuer Anfall hinschmettert. So, das Grauen der Fallsucht im Rücken, den bitteren Nachgeschmack des Todes auf den Lippen, gehetzt von Not und Entbehrung, sind seine letzten, die gewaltigsten Romane entstanden. Auf der Kippe zwischen Tod und Wahnsinn, nachtwandlerisch sicher, steigt sein Schaffen noch gewaltig empor, und aus diesem ständigen Sterben erwächst dem ewig Auferstandenen jene dämonische Kraft, das Leben gierig zu umklammern, um ihm sein Höchstes an Gewalt und Leidenschaft zu entpressen.

Dieser Krankheit, diesem dämonischen Verhängnis dankt Dostojewskis Genie so viel wie Tolstoi seiner Gesundheit. Sie hat ihn emporgeschwungen zu konzentrierten Gefühlszuständen, wie sie dem normalen Empfinden nicht gegeben sind, hat ihm geheimnisvollen Blick verliehen in die Unterwelt des Gefühles und die Zwischenreiche der Seele. Wie Odysseus, der Vielgewanderte, Botschaft vom Hades, so bringt er, der einzig wach Wiederkehrende, peinlichste Beschreibung aus dem Land der Schatten und Flammen und bezeugt mit seinem Blut und dem kalten Schauer seiner Lippen die Existenz ungeahnter Zustände zwischen Leben und Tod. Dank seiner Krankheit gelingt ihm das Höchste der Kunst, das Stendhal einmal formulierte, „d'inventer des sensations inédites“, Gefühle, die bei uns alle im Keim vorhanden sind und nur infolge der kühlen Klimatik unseres Blutes nicht zu voller Reife kommen, in voller tropischer Entfaltung darzustellen. Die Feinhörigkeit des Kranken läßt ihn die letzten Worte der Seele erlauschen, ehe sie ins Delirium sinkt, und eine mystische Scharfsichtigkeit in den Sekunden des Vorgefühls zeugt bei ihm seherische Gabe des zweiten Gesichts, die Magie des Zusammenhangs. O wunderbare Verwandlung, fruchtbar in allen Krisen des Herzens! Der Künstler Dostojewski zwingt sich alle Gefahr in Besitz um, und auch der Mensch gewinnt nur neue Größe aus neuem Maß. Denn für ihn bedeuten Glück und Leid, die Endpunkte des Gefühls, eine ungleich gesteigerte Intensität, er mißt nicht mit den gemeinen Werten des durchschnittlichen Lebens, sondern mit den siedenden Graden seiner eigenen Phrenesie. Das Maximum an Glück, einem andern ist es Genuß einer Landschaft, Besitz einer Frau, Gefühl der Harmonie, immer aber durch irdische Zustände verstatteter Besitz. Bei Dostojewski sind die Siedepunkte des Empfindens schon im Unerträglichen, im Tödlichen. Sein Glück ist Spasma, der schäumende Krampf, seine Qual die Zerschmetterung, der Kollaps, der Zusammenbruch: immer aber blitzartig komprimierte essentielle Zustände, die im Irdischen keine Dauer haben können. Wer im Leben ständig den Tod erlebt, kennt ein urmächtigeres Grauen als der Normale, wer die körperlose Schwebe gefühlt, eine höhere Lust als ein Körper, der nie die harte Erde ließ. Sein Begriff von Glück meint die Verzückung, sein Begriff von Qual die Vernichtung. Darum hat auch das Glück seiner Menschen nichts von einer gesteigerten Heiterkeit, sondern es flimmert und brennt wie Feuer, es zittert von verhaltenen Tränen und schwült von Gefahr, es ist ein unerträglicher, undauerhafter Zustand, ein Leiden mehr als ein Genießen. Seine Qual wiederum hat etwas, das den gemeinen Zustand von dumpfer, würgender Angst, von Last und Grauen schon überbrückt hat, eine eiskalte, beinahe lächelnde Klarheit, eine teuflische Gier der Bitterkeit, die keine Träne kennt, ein trockenes, kollerndes Lachen und ein dämonisches Grinsen, in dem wiederum beinahe schon Lust ist. Nie war vor ihm die Gegensätzlichkeit des Gefühles ähnlich weit aufgerissen, nie die Welt so schmerzhaft weit gespannt wie zwischen diesem neuen Pol der Ekstase und Zernichtung, die er jenseits aller gewohnten Maße von Glück und Leiden gestellt hat.

In dieser Polarität, die ihm das Schicksal aufgeprägt hat, und nur aus ihr ist Dostojewski zu verstehen. Er ist das Opfer eines zwiespältigen Lebens und –

als leidenschaftlicher Bejaher seines Schicksals – darum Fanatiker seines Kontrastes. Die Heißglut seines künstlerischen Temperaments entsteht einzig aus der fortwährenden Reibung dieser Gegensätze, und statt sie zu vereinen, reißt der Maßlose in ihm den eingeborenen Zwiespalt immer weiter auseinander zu Himmel und Hölle. Dostojewski, der Künstler, ist das vollkommenste Gegensatzprodukt, der größte Dualist der Kunst und vielleicht der Menschheit. Symbolisch bringt eins seiner Laster diesen Urwillen seiner Existenz in sichtbare Form: seine krankhafte Liebe zum Glücksspiel. Der Knabe schon ist leidenschaftlicher Kartenspieler, aber erst in Europa lernt er den Teufelsspiegel seiner Nerven kennen: das Rouge et Noir, das Roulett, dieses in seinem primitiven Dualismus so grausam gefährliche Spiel. Der grüne Tisch in Baden-Baden, die Spielbank in Monte Carlo sind seine stärksten Ekstasen in Europa: mehr als die Sixtinische Madonna, die Plastiken Michelangelos, die Landschaften des Südens, Kunst und Kultur aller Welt hypnotisieren sie seinen Nerv. Denn hier ist Spannung, Entscheidung – Schwarz oder Rot, Gerad oder Ungerad, Glück oder Vernichtung, Gewinn oder Verlust – in eine einzige Sekunde des rollenden Rades gepreßt, Spannung, konzentriert zu jener schmerzhaft-lustvollen Blitzform des springenden Gegensatzes, die einzig seinem Charakter entspricht. Die sanften Übergänge, die Ausgleiche, die matten Steigerungen sind seiner fiebrischen Ungeduld unerträglich, er mag nicht Geld verdienen auf deutsche, auf „Wurstmacherart", durch Umsicht, Sparsamkeit und Berechnung, ihn reizt der Zufall, die Hingabe an das Ganze. Wie das Schicksal mit ihm spielte, so spielt er nun mit dem Schicksal: er reizt den Zufall zu künstlichen Spannungen, und gerade wenn er gesichert ist, wirft er immer mit zitternder Hand seine ganze Existenz auf den grünen Tisch. Dostojewski ist nicht Spieler aus Geldhunger, sondern aus unerhörtem „unanständigem", aus Karamasowschem Lebensdurst, der alles in den stärksten Essenzen will, aus krankhafter Sehnsucht nach Schwindligkeit, aus jenem „Turmgefühl", der Lust, sich über den Abgrund zu beugen. Dostojewski provoziert im Glücksspiel das Schicksal: was er einsetzt, ist nicht Geld und immer sein letztes Geld, sondern damit seine ganze Existenz; was er ihm abgewinnt, ist äußerster Nervenrausch, tödliche Schauer, Urangst, das dämonische Weltgefühl. Selbst im goldenen Gift hat Dostojewski nur neuen Durst nach dem Göttlichen getrunken.

Selbstverständlich, daß er diese Leidenschaft wie jede andere über alles Maß hinaus bis zum Äußersten, bis hinein in das Laster trieb. Haltzumachen, Vorsicht, Bedenklichkeit waren diesem Titanentemperament fremd: „Überall und in allem, mein ganzes Leben lang habe ich die Grenze überschritten."

Und dies, Grenzen zu überschreiten, ist künstlerisch seine Größe wie menschlich seine Gefahr: er macht nicht halt vor den Zäunen der bürgerlichen Moral, und niemand weiß genau zu sagen, wie weit sein Leben die juridische Grenze überschritten hat, wieviel von den verbrecherischen Instinkten seiner Helden in ihm selbst Tat geworden ist. Einzelnes ist bezeugt, doch wohl das Geringere nur. Als Kind hat er betrogen im Kartenspiel, und wie sein tragischer Narr Marmeladow in „Schuld und Sühne" aus Gier nach Branntwein die Strümpfe seiner Frau, so stiehlt auch Dostojewski der seinen Geld und ein Kleid aus dem Schrank, um es im Roulett zu verspielen. Wie weit seine sinnlichen Ausschweifungen aus den "Kellerjahren" ins Perverse hinüberzittern, wieviel von den „Spinnen der Wollust" Swidrigailow, Stawrogin und Fedor Karamasow sich auch bei ihm in sexuellen Verstörungen auslebte, wagen die Biographen nicht zu erörtern. Seine Neigungen und Perversitäten, auch sie wurzeln jedenfalls in der geheimnisvollen Kontrastgier von Verderbtheit und Unschuld, aber es ist nicht wesenhaft, diese Legenden und Konjekturen (so deutsam sie sind) zu erörtern. Wichtig ist nur, nicht zu verkennen, daß dem Heiland, dem Heiligen, dem Aljoscha in Dostojewski-Karamasow der Gegenspieler des Wollüstlings, des überreizten Sexualmenschen, der schmutzige Fedor im Blute verschwistert war.

Nur dies ist gewiß: Dostojewski war auch in seiner Sinnlichkeit Überschreiter des bürgerlichen Maßes und dies nicht im linden Sinn Goethes, der einst in dem berühmten Worte sagte, daß er die Anlagen zu allen Schändlichkeiten und Verbrechen lebendig in sich empfände. Denn Goethes ganze gewaltige Entwicklung bedeutet nichts als eine einzige, ungeheure Anstrengung, diese gefährlich wuchernden Keime in sich auszuroden. Der Olympier will zur Harmonie, seine höchste Sehnsucht ist Zerstörung alles Gegensatzes, Erkältung des Blutes, die ruhevolle Schwebe der Kräfte. Er verschneidet die Sinnlichkeit in sich, er rottet unter stärksten Blutverlusten für seine Kunst alle gefährlichen Keime allmählich um der Sittlichkeit willen aus, allerdings mit dem Gemeinen auch viel von seiner Kraft vernichtend. Dostojewski aber, leidenschaftlich in seinem Dualismus wie in allem, was ihm vom Leben zugefallen, will nicht empor zur Harmonie, die für ihn Starre ist, er bindet nicht seine Gegensätze ins Göttlich-Harmonische, sondern spannt sie auseinander zu Gott und Teufel und hat dazwischen die Welt. Er will unendliches Leben. Und Leben ist ihm einzig elektrische Entladung zwischen den Polen des Kontrastes. Was Keim in ihm war, das Gute und das Schlechte, das Gefährliche und das Fördernde, muß empor, alles wird an seiner tropischen Leidenschaft Blüte und Frucht. Seine Moral geht nicht auf Klassizität, auf eine Norm, sondern einzig auf Intensität. Richtig leben heißt für ihn: stark leben und alles leben, beides zugleich, das Gute und das Schlechte, und beides in seinen stärksten, berauschendsten Formen. Deshalb hat Dostojewski nie eine Norm gesucht, sondern immer nur die Fülle. Neben ihm steht Tolstoi inmitten seines Werkes beunruhigt auf, hält inne, läßt die Kunst und quält sich ein Leben lang, was gut sei, was böse, ob er richtig lebe oder falsch. Tolstois Leben ist darum didaktisch, ein Lehrbuch, ein Pamphlet, das Dostojewskis ein Kunstwerk, eine Tragödie, ein Schicksal. Er handelt nicht zweckmäßig, nicht bewußt, er prüft sich nicht, er verstärkt sich nur. Tolstoi klagt sich aller Todsünden an, laut und vor allem Volke. Dostojewski schweigt, aber sein Schweigen sagt mehr von Sodom, als alle Anklagen Tolstois. Dostojewski will sich nicht beurteilen, nicht verändern, nicht verbessern, nur immer eines: sich verstärken. Gegen das Böse, gegen das Gefährliche seiner Natur leistet er keinen Widerstand, im Gegenteil, er liebt seine Gefahr als Antrieb, er vergöttert seine Schuld um der Reue willen, seinen Stolz für die Demut. Kindlich wäre es darum, ihn moralisch zu „entschuldigen" und für die kleine Harmonie des bürgerlichen Maßes zu retten, was die elementare Schönheit des Maßlosen hat.

Wer den Karamasow schuf, die Gestalt des Studenten aus der „Jugend", den Stawrogin der „Dämonen", den Swidrigailow des „Raskolnikow", diese Fanatiker des Fleisches, diese großen Besessenen der Wollust, diese wissenden Meister der Unzucht, dem waren im Leben auch die niedrigsten Formen der Sinnlichkeit persönlich bewußt, denn eine geistige Liebe zur Ausschweifung ist vonnöten, um diesen Gestalten ihre grausame Realität zu geben. Seine unvergleichliche Reizbarkeit kannte die Erotik in ihrem doppelten Sinn, kannte die der fleischlichen Trunkenheit, wo sie in den Schlamm taumelt und Unzucht wird, bis zu ihren feinsten geistigen Abstiegen, wo sie zur Bosheit, zum Verbrechen erstarrt, er kannte sie unter allen ihren Masken, und mit wissendstem Blick lächelt er in ihre Raserei. Und er kennt sie in ihren edelsten Formen, wo die Liebe fleischlos wird, Mitleid, seliges Erbarmen, Weltbruderschaft und stürzende Träne. All diese geheimnisvollen Essenzen waren in ihm und nicht nur in flüchtigen chemischen Spuren, wie bei jedem wahrhaften Dichter, sondern in den reinsten, kräftigsten Extrakten. Mit sexueller Erregung und einer fühlbaren Vibration der Sinne ist jede Ausschweifung bei ihm geschildert und vieles wohl mit Lust erlebt. Damit meine ich aber nicht (Blutfremde mögen es so verstehen), daß Dostojewski ein Wüstling war, einer, der sich freute am Fleischlichen, ein Lebemann. Er war nur lustsüchtig, wie er qualsüchtig war, ein Leibeigener des Triebes, Sklave einer herrischen geistigen und körperlichen Neugier, die ihn mit Ruten ins Gefährliche hineinpeitschte, ins Dornendickicht der abseitigen Wege. Seine Lust, auch sie ist nicht banales Genießen, sondern Spiel und Einsatz der ganzen sinnlichen Lebenskraft, das Immer-wieder-und-wieder-empfinden-Wollen der geheimnisvollen gewitterigen Schwüle der Epilepsie, Konzentration des Gefühles in ein paar gespannte Sekunden gefährlicher Vorlust und dann der dumpfe Niedersturz in die Reue. Er liebt in der Lust nur das Flimmern von Gefahr, das Spiel der Nerven, dies Naturhafte innerhalb des eigenen Körpers, er sucht in einer seltsamen Mischung von Bewußtheit und dumpfer Scham in jeder Lust das Gegenspiel, den Bodensatz der Reue, in der Schändung die Unschuld, im Verbrechen die Gefahr. Dostojewskis Sinnlichkeit ist ein Labyrinth, in dem sich alle Wege verschlingen, Gott und das Tier sind nachbarlich in einem Fleische, und man verstehe in diesem Sinn das Symbol der Karamasow, daß Aljoscha, der Engel, der Heilige, gerade der Sohn Fedors, der grausamen „Spinne der Wollust", ist. Wollust zeugt die Reinheit, das Verbrechen die Größe, Lust das Leiden und das Leiden wieder Lust. Ewig berühren sich die Gegensätze: zwischen Himmel und Hölle, Gott und Teufel spannt sich seine Welt.

Grenzenlose, restlose wissend-wehrlose Hingabe an sein zwiespältiges Schicksal, amor fati ist darum Dostojewskis letztes und einziges Geheimnis, der schöpferische Feuerquell seiner Ekstase. Eben weil das Leben ihm so gewaltig zugemessen war, weil es ihm Unermeßlichkeiten des Gefühles im Leiden auftat, hat er das grausam-gütige, göttlich-unverständliche, ewig unerlernbare, ewig mystische Leben geliebt. Denn sein Maß ist die Fülle, die Unendlichkeit. Nie wollte er seinen Lebensgang milderen Wellenschlags, einzig sich selbst noch konzentrierter, intensiver. Was Keim war in ihm, Keim des Guten und des Bösen, jede Leidenschaft, jedes Laster hat er aufgesteigert durch Begeisterung und Selbstekstase, nichts ausgerodet an Gefahr in seinem wissenden Blut. Restlos gibt sich der Spieler in ihm als Einsatz an das leidenschaftliche Spiel der Mächte, denn nur im Rollen von Schwarz und Rot, Tod oder Leben, spürt er taumlig-süß die ganze Wollust seiner Existenz. „Du hast mich hineingestellt, du wirst mich wieder hinausführen", ist mit Goethe seine Antwort an die Natur. „Corriger la fortune", das Schicksal zu verbessern, auszubiegen, abzuschwächen, fällt ihm nicht bei. Nie sucht er Vollendung, Abschluß, Ende in einer Ruhe, nur Steigerung des Lebens im Leiden, immer höher lizitiert er sein Gefühl zu neuen Spannungen, denn nicht sich will er gewinnen, sondern die höchste Summe des Gefühls. Er will nicht wie Goethe zum Kristall erstarren, kalt mit hundert Flächen das bewegte Chaos spiegelnd, sondern Flamme bleiben, selbstzerstörend, täglich sich vernichtend, um täglich sich neu aufzubauen, ewig sich wiederholend, aber immer mit gesteigerter Kraft und aus gespannterem Gegensatz. Er will nicht das Leben meistern, sondern das Leben fühlen. Nicht der Herr sein, sondern der fanatische Leibeigene seines Schicksals. Und nur so, als der „Gottesknecht“, der Hingehendste aller, konnte er der Wissendste alles Menschlichen werden.

Dostojewski hat die Herrschaft über sein Schicksal an das Schicksal zurückgegeben: dadurch wird sein Leben gewaltig über die zufällige Zeit. Er ist der dämonische Mensch, Untertan den ewigen Mächten, und in seiner Gestalt ersteht mitten im klaren dokumentarischen Licht unserer Epoche noch einmal der schon vergangen geglaubte Dichter mystischer Zeiten, der Seher, der große Rasende, der Schicksalsmensch. Etwas Urzeitliches und Heroisches liegt in dieser titanischen Gestalt. Steigen die anderen literarischen Werke wie beblümte Berge aus den Niederungen der Zeit, Zeugen einer gestaltenden Urkraft zwar noch, aber schon gesänftigt in Dauer und zugänglich selbst in ihren Höhen, so scheint die Kuppe seiner Schöpfung, phantastisch und grau, ein vulkanisches, unfruchtbares Gestein. Aber aus dem Krater seiner zerrissenen Brust reicht Glut bis zum untersten feurig-flüssigen Kern unserer Welt: hier sind noch Zusammenhänge mit aller Anfänge Anfang, mit dem Elementaren der Urkraft, und schaudernd spüren wir in seinem Schicksal und Werk die geheimnisvolle Tiefe aller Menschlichkeit.

Die Menschen Dostojewskis

O glaubet nicht an die Einheit des Menschen.
Dostojewski

Vulkanisch er selbst, vulkanisch darum seine Helden, denn jeder Mensch bezeugt im letzten nur den Gott, der ihn erschuf. Sie sind nicht friedlich eingeordnet in unsere Welt, überall reichen sie mit ihrem Empfinden bis zu den Urproblemen hinab. Der moderne Nervenmensch in ihnen ist gepaart dem Wesen des Anfangs, das nichts vom Leben weiß als seine Leidenschaft, und mit den letzten Erkenntnissen stammeln sie gleichzeitig die ersten Fragen der Welt. Ihre Formen sind noch nicht ausgekühlt, ihr Gestein nicht geschichtet, ihre Physiognomien nicht geglättet. Ewig unvollendet sind sie und darum doppelt lebendig. Denn der vollendete Mensch ist ja gleichzeitig schon der abgeschlossene, und bei Dostojewski drängt alles ins Unendliche hinaus. Ihm erscheinen Menschen nur insolange als Helden und künstlerisch gestaltungswert, als sie mit sich entzweit sind, problematische Naturen: die Vollendeten, die Ausgereiften schüttelt er von sich ab wie der Baum seine Frucht. Dostojewski liebt seine Menschen nur, solange sie leiden, solange sie die gesteigerte, zwiespältige Form seines eigenen Lebens haben, solange sie Chaos sind, das sich in Schicksal verwandeln will.

Stellen wir seine Helden vor ein anderes Bild, um sie in ihrer wundervollen Sonderheit besser zu verstehen. Vergleichen wir. Rufen wir einen Helden Balzacs als den Typus französischen Romans in uns auf, so entsteht unbewußt eine Vorstellung von Geradlinigkeit, Umgrenztheit und innerer Geschlossenheit. Ein Begriff, deutlich wie eine geometrische Figur und gesetzvoll wie sie. Alle Menschen Balzacs sind aus einer einzigen, durch die seelische Chemie genau bestimmbaren Substanz gefertigt. Sie sind Elemente und haben alle wesenhaften Eigenschaften eines solchen, also auch typische Formen der Reaktion im Moralischen und Psychischen. Sie sind kaum Menschen mehr, sondern beinahe schon menschgewordene Eigenschaft, Präzisionsmaschinen einer Leidenschaft. Für jeden Namen kann man bei Balzac als Korrelat eine Eigenschaft setzen: Rastignac ist gleich Ehrgeiz, Goriot ist gleich Aufopferung, Vautrin ist gleich Anarchie. In jedem dieser Menschen hat eine dominierende Triebkraft alle anderen inneren Kräfte an sich gerissen und in die Richtungen des zentralen Lebenswillens gedrängt. Im höchsten Sinn wäre man versucht, sie Automaten zu nennen um der Präzision willen, mit der sie auf jeden einzelnen Lebensreiz reagieren, und wirklich wie eine Maschine sind sie in ihrer Kraftleistung und ihrem Widerstand für den technischen Kenner berechenbar. Ist man in Balzac einigermaßen eingelesen, so kann man die Antwort des Charakters auf die Tatsache so berechnen, wie die Parabel eines Steinwurfes aus der Stärke ihres Schwunges und der Schwere des Steines. Grandet, der Harpagon, wird in dem Maße geiziger werden, als seine Tochter opferwillig und heroisch. Und man weiß von Goriot schon zu den Zeiten, da er noch in leidlichem Wohlstand lebt und seine Perücke sorgfältig gepudert ist, daß er einmal seine Weste für die Töchter verkaufen wird und das Silbergeschirr zerbrechen, seinen letzten Besitz. Er muß notwendigerweise so handeln aus der Einheit seiner Charakteranlage, aus dem Trieb, den sein irdisches Fleisch nur unvollkommen mit einer menschlichen Form umkleidet. Die Charaktere Balzacs (und ebenso Victor Hugos, Scotts, Dickens') sind alle primitiv, einfarbig, zielstrebig. Sie sind Einheiten und darum meßbar auf der Waagschale der Moral. Vielfarbig und tausendgestaltig ist in jenem geistigen Kosmos nur der

Zufall, dem sie begegnen. Bei jenen Epikern ist das Erlebnis vielfältig, der Mensch die Einheit, und der Roman selbst der Kampf um die Macht gegen die irdischen Mächte. Die Helden Balzacs und des ganzen französischen Romans sind entweder stärker oder schwächer als der Widerstand der Gesellschaft. Sie bezwingen das Leben, oder sie kommen unter das Rad.

Der Held des deutschen Romans, als dessen Typus Wilhelm Meister oder der Grüne Heinrich gedacht sei, ist nicht dermaßen seiner Grundrichtung gewiß. Er hat viele Stimmen, in sich, er ist psychologisch differenziert, ist seelisch polyphon. Das Gute und das Böse, das Starke und das Schwache fließen wirr in seiner Seele durcheinander: sein Anbeginn ist Verwirrung, und die Nebel der Frühe umwölken ihm den reinen Blick. Er spürt Kräfte in sich, aber noch ungesammelt, noch in Widerstreit, er ist ohne Harmonie, aber doch beseelt vom Willen zur Einheit. Das deutsche Genie zielt nun im letzten Sinne immer auf Ordnung. Und alle Entwicklungsromane entwickeln nichts anderes in diesen deutschen Helden als die Persönlichkeit. Die Kräfte werden gesammelt, der Mensch zum deutschen Ideal, zur Tüchtigkeit erhoben, „im Strom der Welt bildet sich" nach Goethes Wort „der Charakter". Die vom Leben durcheinandergeschüttelten Elemente klären sich in der errungenen Ruhe zum Kristall, aus den Lehrjahren tritt der Meister, und vom letzten Blatt all dieser Bücher, aus dem Grünen Heinrich, dem Hyperion, dem Wilhelm Meister, dem Ofterdingen blickt ein klares Auge tatkräftig in eine klare Welt. Das Leben versöhnt sich dem Ideal; nicht mehr verschwenderisch wirr, sondern zu höchstem Ziel gespart wirken die nun geordneten Kräfte. Die Helden Goethes und aller Deutschen verwirklichen sich zu ihrer höchsten Form, sie werden werktätig und tüchtig: sie erlernen an Erfahrungen das Leben.

Die Helden Dostojewskis suchen aber und finden überhaupt kein Verhältnis zum wirklichen Leben: das ist ihre Sonderheit. Sie wollen gar nicht in die Realität hinein, sondern von allem Anfang an über sie hinaus, ins Unendliche. Ihr Reich ist nicht von dieser Welt. All die Scheinformen von Werten, Titel, Macht und Geld, aller sichtbarer Besitz hat für sie Wert weder als Zweck, wie bei Balzac, noch als Mittel, wie bei den Deutschen. Sie wollen sich in dieser Welt gar nicht durchsetzen, nicht behaupten und nicht ordnen. Sie sparen nicht mit sich, sondern sie verschwenden sich, sie rechnen nicht und bleiben ewig unberechenbar. Sich selbst wollen sie fühlen und das Leben, aber nicht dessen Schatten und Spiegelbild, die äußere Realität, sondern das große mystische Elementare, die kosmische Macht, das Existenzgefühl. Wo immer man tiefer sich eingräbt ins Werk Dostojewskis, überall rauscht als unterste Quelle dieser ganz primitive, fast vegetative fanatische Lebensdrang, jenes ganz urhafte Gelüst, das nicht Glück will oder Leid, die schon Einzelformen des Lebens sind, Wertungen, Unterscheidungen, sondern die ganz einheitliche Lust, wie man sie beim Atmen fühlt. Vom Urquell wollen sie trinken, nicht aus den Brunnen der Städte und Straßen, die Ewigkeit, die Unendlichkeit in sich fühlen und die Zeitlichkeit abtun. Sie kennen nur eine ewige, keine soziale Welt. Sie wollen das Leben weder erlernen noch bezwingen, gleichsam nackt wollen sie es bloß fühlen und fühlen als Ekstase der Existenz.

Weltfremd aus Weltliebe, unwirklich aus Leidenschaft zur Wirklichkeit, muten Dostojewskis Gestalten vorerst etwas einfältig an. Sie haben keine Richtung geradeaus, kein sichtbares Ziel: wie Blinde taumeln und tappen diese doch erwachsenen Menschen in der Welt herum oder wie Trunkene. Sie bleiben stehen, sehen sich um, fragen alle Fragen und rennen ohne Antwort weiter ins Unbekannte: ganz frisch scheinen sie in unsere Welt eingetreten und ihr noch nicht eingewöhnt. Und man versteht diese Menschen Dostojewskis kaum, bedenkt man nicht, daß sie Russen sind, Kinder eines Volkes, das aus einer jahrtausendalten barbarischen Unbewußtheit mitten in unsere europäische Kultur hineingestürzt ist. Von der alten Kultur, vom Patriarchalischen losgerissen, der neuen noch nicht vertraut, stehen sie in der Mitte, alle an einem Wegkreuz, und die Unsicherheit jedes einzelnen ist die eines ganzen Volkes. Wir Europäer wohnen in unserer alten Tradition wie in einem warmen Haus. Der Russe des neunzehnten Jahrhunderts, der Dostojewski-Zeit, hat hinter sich die Holzhütte der barbarischen Vorzeit verbrannt, aber sein neues Haus noch nicht gebaut. Entwurzelte, Richtungslose sind sie alle. Sie haben die Kraft ihrer Jugend, die Kraft der Barbaren noch in den Fäusten, aber der Instinkt ist verwirrt von der Tausendfalt der Probleme: die Hände voll Stärke, wissen sie nicht, was zuerst anfassen. Und so greifen sie nach allem und haben nie genug. Man fühle hier die Tragik jedes einzelnen Dostojewski-Menschen, jedes einzelnen Zwiespalt und Hemmung aus dem Schicksal des ganzen Volkes. Dieses Rußland um die Mitte des neunzehnten Jahrhunderts weiß nicht, wohin: nach Westen oder nach Osten, nach Europa oder nach Asien, nach Petersburg, der „künstlichen Stadt", in die Kultur oder zurück auf das Bauerngut, in die Steppe. Turgenjeff stößt sie nach vorne, Tolstoi stößt sie zurück. Alles ist Unruhe. Der Zarismus steht unvermittelt gegenüber einer kommunistischen Anarchie, die Rechtgläubigkeit, die altererbte, springt quer über in einen fanatischen und rasenden Atheismus. Nichts steht fest, nichts hat seinen Wert, sein Maß in dieser Zeit: die Sterne des Glaubens brennen nicht mehr über ihren Häuptern und das Gesetz längst nicht mehr in ihrer Brust. Entwurzelte einer großen Tradition, sind die Dostojewski-Menschen echte Russen, Übergangsmenschen, das Chaos des Anfangs im Herzen, beladen mit Hemmungen und Ungewißheiten. Keine Frage ist für sie beantwortet, kein Weg geebnet. Menschen des Übergangs, Menschen des Anfangs sind sie alle. Jeder ein Cortes: hinter sich verbrannte Schiffe, vor sich das Unbekannte.

Aber dies ist das Wunderbare: daß, weil sie Menschen eines Anfangs sind, in jedem einzelnen noch einmal die Welt beginnt. Daß alle Fragen, die bei uns schon zu kalten Begriffen erstarrt sind, ihnen noch im Blute glühen. Daß unsere bequemen, ausgetretenen Wege mit ihren moralischen Geländern und ethischen Wegweisern ihnen nicht bekannt sind: immer und überall gehen sie durchs Dickicht ins Grenzenlose, ins Unendliche hinein. Jeder einzelne fühlt so wie das Rußland Lenins und Trotzkis, daß er die ganze Weltordnung neu aufbauen müsse, und das ist der unbeschreibliche Wert des russischen Menschen für Europa, daß hier eine unverbrauchte Neugier noch einmal alle Fragen des Lebens an die Unendlichkeit stellt. Daß, wo wir träge wurden in unserer Bildung, andere noch glühend sind. Jeder einzelne revidiert bei Dostojewski noch einmal alle Probleme, rückt sich selbst mit blutenden Händen die Grenzsteine von Gut und Böse, jeder einzelne schafft sich sein Chaos wieder um zur Welt. Jeder einzelne ist bei ihm Diener, Verkünder des neuen Christus, Märtyrer und Verkünder eines dritten Reiches. Noch ist das Chaos des Anfangs in ihnen, aber auch Dämmern des ersten Tages, der das Licht auf Erden schuf, und schon Ahnung des sechsten, der den neuen Menschen schafft. Seine Helden sind Wegebauer einer neuen Welt: der Roman Dostojewskis ist der Mythos des neuen Menschen und seiner Geburt aus dem Schoße der russischen Seele.

Ein Mythos und besonders ein nationaler aber will Gläubigkeit. Man versuche darum nicht, diese Menschen durch das kristallene Medium der Vernunft zu erfassen. Nur Gefühl, das allein brüderliche, kann sie verstehen. Dem common sense, dem Engländer, dem Amerikaner, dem praktischen Menschen müssen die vier Karamasows als vier verschiedene Narren erscheinen, als Tollhaus die ganze tragische Welt Dostojewskis. Denn was sonst Alpha und Omega der gesunden simplen irdischen Natur war und ewig sein wird, scheint ihnen das Gleichgültigste auf Erden, nämlich: Glücklichsein. Schlagt sie auf, die fünfzigtausend Bücher, die Europa alljährlich produziert, wovon handeln sie? Vom Glücklichsein. Ein Weib will einen Mann, oder einer will reich werden, mächtig und geehrt. Bei Dickens steht am Ende aller Wünsche das liebliche Cottagehaus im Grünen mit der munteren Kinderschar, bei Balzac das

Schloß mit dem Pairstitel und den Millionen. Und blicken wir uns um, auf die Straße, in die Butiken, in die niederen Stuben, in die hellen Säle, was wollen die Menschen dort? Glücklich sein, zufrieden sein, reich sein, mächtig sein. Wer will es von Dostojewskis Menschen? Keiner. Nicht ein einziger. Sie wollen nirgends haltmachen, nicht einmal beim Glück. Sie wollen alle weiter, sie haben alle jenes „höhere Herz", das sich quält. Glücklichsein ist ihnen gleichgültig, Zufriedensein ist ihnen gleichgültig, Reichsein eher verächtlich als erwünscht. Sie wollen nichts von all dem, diese Seltsamen, was unsere ganze Menschheit will. Sie haben den uncommon sense. Sie wollen nichts von dieser Welt.

Genügsame also, Phlegmatiker des Lebens, Indifferente oder Asketen? Im Gegenteil. Die Menschen Dostojewskissind, ich sagte es ja, Menschen eines neuen Anfangs. Sie haben, bei all ihrer Genialität und ihrem diamantenen Verstand, Kinderherzen, Kindergelüste: sie wollen nicht dies oder jenes, sondern sie wollen alles. Und alles ganz stark. Das Gute und das Böse, das Heiße und das Kalte, das Nahe und das Ferne. Sie sind Übertreiber, sie sind Maßlose. Von allen Dingen suchen sie den Superlativ, überall die Rotglut des Empfindens, wo die gemeinen Legierungen des Gelegentlichen zerschmelzen und nichts bleibt als das feuerflüssige, brennende Weltgefühl; wie die Amokläufer rennen sie ins Leben hinein, von der Begierde in die Reue, von der Reue wieder in die Tat, vom Verbrechen ins Geständnis, vom Geständnis in die Ekstase, aber alle Gassen ihres Schicksals lang überallhin bis zum Letzten, bis sie niederstürzen, Schaum vor den Lippen, oder bis ein anderer sie niederschlägt. O dieser Lebensdurst jedes einzelnen – eine ganze junge Nation, eine neue Menschheit lechzt von ihren Lippen nach Welt, nach Wissen, nach Wahrheit! Sucht mir doch, zeigt mir einen Menschen im Werk Dostojewskis, der ruhig atmet, der rastet, der sein Ziel erreicht hat! Keiner, kein einziger! Alle sind sie in diesem rasenden Wettlauf zur Höhe und zur Tiefe – denn nach Aljoschas Formel muß, wer die erste Stufe betreten hat, bis zur letzten hinstreben –, nach allen Seiten, in Frost und Brand, greifen sie, gieren sie, diese Unersättlichen, diese Maßlosen, die ihr Maß nur suchen und finden in der Unendlichkeit, jeder eine Flamme, ein Feuer der Unruhe. Und Unruhe ist Qual. Darum sind die Helden Dostojewskis alle die großen Leidenden. Alle haben sie verzerrte Gesichter, alle leben sie im Fieber, im Krampf, im Spasma. Ein Hospital von Nervenkranken hat erschreckt ein großer Franzose Dostojewskis Welt genannt, und wirklich, für den ersten, den äußeren Anblick, welch eine trübe, welch eine phantastische Sphäre! Schankstuben voll Branntweindunst, Gefängniszellen, Winkel in Vorstadtwohnungen, Bordellgassen und Kneipen, und dort in Rembrandtschem Dunkel ein Gewühl von ekstatischen Gestalten, der Mörder, das Blut seines Opfers über den erhobenen Händen, der Trunkenbold im Gelächter der Zuhörer, das Mädchen mit dem gelben Schein im Zwielicht der Gasse, das epileptische Kind, bettelnd an den Straßenecken, der siebenfache Mörder in der Katorga Sibiriens, der Spieler zwischen den Fäusten der Spießgesellen, Rogoschin, wie ein Tier sich wälzend vor dem verschlossenen Gemach seiner Frau, der ehrliche Dieb, sterbend im schmutzigen Bette – welche Unterwelt des Gefühls, welcher Hades der Leidenschaften! O welche tragische Menschheit, welch russischer, grauer, ewig dämmernder, niederer Himmel über diesen Gestalten, welche Dunkelheiten des Herzens und der Landschaft! Gelände des Unglücks, Wüsten der Verzweiflung, Fegefeuer ohne Gnade und Gerechtigkeit.

O wie dunkel, wie verworren, wie fremd, wie feindlich ist sie zuerst, diese Menschheit, diese russische Welt! Von Leiden scheint sie überflutet, und diese Erde, wie Iwan Karamasow so grimmig sagt, „getränkt von Tränen bis zu ihrem innersten Kern". Aber so wie Dostojewskis Antlitz dem ersten Blicke düster, lehmig, gedrückt, bäurisch und gebeugt anmutet, dann aber der Glanz seiner Stirne, aufstrahlend über die Versunkenheit, das Irdische seiner Züge, seine Tiefe durch Glauben erleuchtet, so durchstrahlt auch im Werke das geistige Licht die dumpfe Materie. Aus Leiden scheint Dostojewskis Welt einzig gestaltet. Und doch ist nur scheinbar die Summe alles Leidens in seinen Menschen größer als in jedem anderen Werke. Denn in ihnen wirkt etwas, das der Wollust, der Lust am Glück, tiefsinnig die Wehlust, die Lust an der Qual, gegenüberstellt: ihr Leiden ist zugleich ihr Glücklichsein, sie halten es fest mit den Zähnen, wärmen es an ihrer Brust, sie schmeicheln es mit den Händen, sie lieben es mit ihrer ganzen Seele. Und sie wären nur dann die Unglücklichsten, liebten sie es nicht. Dieser Tausch, der rasende frenetische Tausch des Gefühls im Innern, diese ewige Umwertung des Dostojewskischen Menschen kann vielleicht nur ein Beispiel ganz klarmachen, und ich wähle eines, das in tausend Formen wiederkehrt: das Leid, das einem Menschen infolge einer Erniedrigung, einer tatsächlichen oder eingebildeten, widerfährt. Irgendeiner, ein schlichtes sensitives Geschöpf, gleichgültig ob ein kleiner Beamter oder eine Generalstochter, wird beleidigt. In seinem Stolz gekränkt durch ein Wort, eine Nichtigkeit vielleicht. Diese erste Kränkung ist der Primäreffekt, der den ganzen Organismus in Aufruhr bringt. Der Mensch leidet. Er ist gekränkt, liegt auf der Lauer, spannt sich an und wartet – auf eine neue Kränkung. Und die zweite Kränkung kommt: also eigentlich Häufung des Leidens. Aber seltsam, sie tut nicht mehr weh. Zwar der Gekränkte klagt, er schreit, aber seine Klage ist schon nicht mehr wahr: denn er liebt diese Kränkung. In diesem „Fortwährend-sich-seiner-Schmach-bewußt-Sein ist ein unnatürlicher heimlicher Genuß".

Für den beleidigten Stolz hat er einen neuen: den des Märtyrers. Und jetzt entsteht in ihm der Durst nach neuer Kränkung, nach mehr und mehr. Er beginnt zu provozieren, er übertreibt, er fordert heraus: das Leiden ist jetzt seine Sehnsucht, seine Gier, seine Lust: man hat ihn erniedrigt, so will er (der Mensch ohne Maß) ganz niedrig sein. Und er gibt es nicht her mehr, sein Leiden, mit verbissenen Zähnen hält er es fest: jetzt wird der Hilfreiche sein Feind, der Liebende. So schlägt die kleine Nelly dem Arzt dreimal das Pulver ins Gesicht, so stößt Raskolnikow Sonja zurück, so beißt Iljutschka den frommen Aljoscha in die Finger – aus Liebe, aus fanatischer Liebe zu ihrem Leiden. Und alle, alle lieben sie das Leiden, weil sie darin das Leben, das geliebte, so stark spüren, weil sie wissen, „man kann auf dieser Erde nur durch Leiden wahrhaft lieben", und das wollen sie, das vor allem! Es ist ihr stärkster Existenzbeweis: statt des cogito, ergo sum, „ich denke, also bin ich", setzen sie das: „ich leide, also bin ich". Und dieses „Ich bin" ist bei Dostojewski und allen seinen Menschen der höchste Triumph des Lebens. Der Superlativ des Weltgefühls. Im Kerker jauchzt Dimitry die große Hymne an dieses „Ich bin", an die Wollust des Seins, und eben um dieser Liebe zum Leben willen ist ihnen allen das Leiden notwendig. Nur scheinbar, sagte ich, ist darum die Summe des Leidens größer bei Dostojewski als bei allen anderen Dichtern. Denn wenn es eine Welt gibt, wo nichts unerbittlich ist, aus jedem Abgrund noch ein Weg führt, aus jedem Unglück noch Ekstase, aus jeder Verzweiflung noch Hoffnung, so ist es die seine. Was ist dies Werk anderes als eine Reihe von modernen Apostelgeschichten, Legenden der Erlösung vom Leiden durch den Geist? Der Bekehrungen zum Lebensglauben, der Kalvariengänge zur Erkenntnis? Der Wege nach Damaskus mitten durch unsere Welt?

In Dostojewskis Werk ringt der Mensch um seine letzte Wahrheit, um sein allmenschliches Ich. Ob ein Mord geschieht oder eine Frau in Liebe brennt, alles das ist Nebensache, Außensache, Kulisse. Sein Roman spielt im innersten Menschen, im Seelenraum, in der geistigen Welt: die Zufälle, die Ereignisse, die Schickungen des äußeren Lebens sind nur Stichworte, Maschinerie, der szenische Rahmen. Die Tragödie ist immer innen. Und sie heißt immer: die Überwindung der Hemmungen, der Kampf um die Wahrheit. Jeder seiner Helden fragt sich, wie Rußland selbst: Wer bin ich? Was bin ich wert? Er sucht sich oder vielmehr den Superlativ seines Wesens im Haltlosen, im Raumlosen, im Zeitlosen. Er will sich erkennen als der Mensch, der er vor Gott ist, und er will sich bekennen. Denn jedem Dostojewski-Menschen ist die Wahrheit mehr als Bedürfnis, sie ist ihm ein Exzeß, eine Wollust und das Geständnis seine heiligste Lust, sein Spasma. Im Geständnis bricht bei Dostojewski der innere Mensch, der Allmensch, der Gottesmensch durch den irdischen, die Wahrheit – und dies ist Gott – durch seine fleischliche Existenz. O die Wollust, mit der sie darum mit dem Geständnis spielen, wie sie es verbergen und – Raskolnikow vor Porphyri Petrowitsch – immer heimlich zeigen und wieder verstecken, und dann wieder, wie sie sich überschreien, mehr Wahrheit bekennen als wahr ist, wie sie in rasendem Exhibitionismus ihre Blößen aufdecken, wie sie Laster und Tugend vermengen – hier, nur hier, im Ringen um das wahre Ich sind die eigentlichen Spannungen Dostojewskis. Hier, ganz innen ist der große Kampf seiner Menschen, die mächtigen Epopöen des Herzens: hier, wo das Russische, das Fremdartige in ihnen sich aufzehrt, hier wird auch ihre Tragödie erst ganz zur unseren, zur allmenschlichen, und restlos erleben wir im Mysterium der Selbstgeburt den Mythos Dostojewskis vom neuen Menschen, vom Allmenschen in jedem Irdischen.

Das Mysterium der Selbstgeburt: so nenne ich in der Kosmogonie, in der Weltschöpfung Dostojewskis die Erschaffungdes neuen Menschen. Und ich möchte versuchen, die Geschichte aller Naturen Dostojewskis in einer zu erzählen, als seinen Mythos: denn alle diese verschiedenartigen, hundertfach variierten Menschen haben im letzten nur ein einheitliches Schicksal. Alle leben sie Varianten eines einzigen Erlebnisses: der Menschwerdung. Gleich ist all seiner Helden Anbeginn. Als echte Russen beunruhigt sie ihre eigene Lebenskraft. In den Jahren der Pubertät, des sinnlichen und geistigen Erwachens, verdüstert sich ihnen der heitere und freie Sinn. Dumpf fühlen sie in sich eine Kraft gären, ein geheimnisvolles Drängen; irgend etwas Eingesperrtes, Wachsendes und Quellendes will aus ihrem noch unmündigen Kleid. Eine geheimnisvolle Schwangerschaft (es ist der neue Mensch, der in ihnen keimt, aber sie wissen es nicht) macht sie träumerisch. Sie sitzen „einsam bis zur Verwilderung“ in dumpfen Stuben, in einsamen Winkeln und denken, denken Tag und Nacht über sich nach. Jahrelang brüten sie oft dahin in dieser seltsamen Ataraxie, sie verharren in einem fast buddhistischen Zustand der Seelenstarre, sie beugen sich tief über den eigenen Leib, um wie die Frauen in den frühen Monaten das Klopfen dieses zweiten Herzens in sich zu erlauschen. Alle geheimnisvollen Zustände der Befruchteten überkommen sie: die hysterische Angst vor dem Tode, das Grauen vor dem Leben, krankhafte, grausame Begierden, sinnliche perverse Gelüste.

Endlich wissen sie, daß sie befruchtet sind von irgendeiner neuen Idee: und nun suchen sie das Geheimnis zu entdecken. Sie schärfen ihre Gedanken, bis sie spitz und schneidend werden wie chirurgische Instrumente, sie sezieren ihren Zustand, sie zerreden ihre Bedrückung in fanatischen Gesprächen, sie zerdenken ihr Gehirn, bis es sich in Wahnsinn zu entflammen droht, sie schmieden alle ihre Gedanken in eine einzige fixe Idee, die sie bis ans letzte Ende denken, in eine gefährliche Spitze, die sich in ihrer Hand gegen sie selbst wendet. Kirillow, Schatow, Raskolnikow, Iwan Karamasow, alle diese Einsamen haben „ihre" Idee, die des Nihilismus, die des Altruismus, die des napoleonischen Weltwahns, und alle haben sie ausgebrütet in dieser krankhaften Einsamkeit. Sie wollen eine Waffe gegen den neuen Menschen, der aus ihnen werden soll, denn ihr Stolz will sich gegen ihn wehren, ihn unterdrücken. Andere wieder suchen dieses geheimnisvolle Keimen, diesen drängenden, gärenden Lebensschmerz, mit aufgepeitschten Sinnen zu überrasen. Um im Bilde zu bleiben: sie suchen die Frucht abzutreiben, wie Frauen von Treppen springen oder durch Tanz und Gifte sich vom Unerwünschten zu befreien trachten. Sie toben, um dies leise Quellen in sich zu übertönen, sie zerstören manchmal sich selbst, nur um diesen Keim zu zerstören. Sie verlieren sich mit Absicht in diesen Jahren. Sie trinken, sie spielen, sie werden ausschweifend und all dies (sie wären sonst nicht Menschen Dostojewskis) fanatisch bis zur letzten Raserei. Schmerz treibt sie in ihre Laster, nicht eine lässige Begierde. Es ist nicht ein Trinken um Zufriedenheit und Schlaf, nicht das deutsche Trinken um die Bettschwere, sondern um den Rausch, um das Vergessen ihres Wahnes, ein Spielen nicht um Geld, sondern um die Zeit zu ermorden, ein Ausschweifen nicht um der Lust willen, sondern um in der Übertreibung ihr wahres Maß zu verlieren. Sie wollen wissen, wer sie sind; darum suchen sie die Grenze. Den äußersten Rand ihres Ich wollen sie in Überhitzung und Abkaltung kennen und vor allem die eigene Tiefe. Sie glühen in diesen Lüsten bis zum Gott empor, sie sinken bis zum Tier hinab, aber immer, um den Menschen in sich zu fixieren. Oder sie versuchen, da sie sich nicht kennen, sich wenigstens zu beweisen. Kolja wirft sich unter einen Eisenbahnzug, um sich zu „beweisen", daß er mutig ist, Raskolnikow ermordet die alte Frau, um seine Napoleonstheorie zu beweisen, sie tun alle mehr, als sie eigentlich wollen, nur um an die äußerste Grenze des Gefühls zu gelangen. Um ihre eigene Tiefe zu kennen, das Maß ihrer Menschheit, werfen sie sich in jeden Abgrund hinab: von der Sinnlichkeit stürzen sie in die Ausschweifung, von der Ausschweifung in die Grausamkeit und hinab bis zu ihrem untersten Ende, der kalten, der seelenlosen, der berechneten Bosheit, aber all dies aus einer verwandelten Liebe, einer Gier nach Erkenntnis des eigenen Wesens, einer verwandelten Art von religiösem Wahn. Aus weiser Wachheit stürzen sie sich in die Kreisel des Irrsinns, ihre geistige Neugier wird zur Perversion der Sinne, ihre Verbrechen glühen bis zur Kinderschändung und zum Mord, aber typisch ist für sie alle die gesteigerte Unlust in der gesteigerten Lust: bis in den untersten Abgrund ihrer Raserei zuckt die Flamme des Bewußtseins der fanatischen Reue nach.

Aber je weiter hinein sie in der Übertreibung der Sinnlichkeit und des Denkens rasen, um so näher sind sie schon sich selbst, und je mehr sie sich vernichten wollen, um so eher sind sie zurückgewonnen. Ihre traurigen Bacchanale sind nur Zuckungen, ihre Verbrechen die Krämpfe der Selbstgeburt. Ihre Selbstzerstörung zerstört nur die Schale um den inneren Menschen und ist Selbstrettung im höchsten Sinn. Je mehr sie sich anspannen, je mehr sie sich krümmen und winden, um so mehr befördern sie unbewußt die Geburt. Denn nur im brennendsten Schmerz kann das neue Wesen zur Welt kommen. Ein Ungeheures, ein Fremdes muß dazu treten, muß sie befreien, irgendeine Macht Wehmutter werden in ihrer schwersten Stunde, die Güte muß ihnen helfen, die allmenschliche Liebe. Eine äußerste Tat, ein Verbrechen, das all ihre Sinne zur Verzweiflung spannt, ist nötig, um die Reinheit zu gebären, und hier wie im Leben ist jede Geburt umschattet von tödlicher Gefahr. Die beiden äußersten Kräfte des menschlichen Vermögens, Tod und Leben, sind in dieser Sekunde innig verschränkt.

Dies also ist der menschliche Mythos Dostojewskis, daß das gemischte, dumpfe, vielfältige Ich jedes einzelnen befruchtet ist mit dem Keim des wahren Menschen (jenes Urmenschen der mittelalterlichen Weltanschauung, der frei ist von der Erbsünde), des elementaren, rein göttlichen Wesens. Diesen urewigen Menschen aus dem vergänglichen Leib des Kulturmenschen in uns zum Austrag zu bringen, ist höchste Aufgabe und die wahrste irdische Pflicht. Befruchtet ist jeder, denn keinen verstößt das Leben, jeden Irdischen hat es in einer seligen Sekunde mit Liebe empfangen, doch nicht jeder gebiert seine Frucht. Bei manchem verfault sie in einer seelischen Lässigkeit, sie stirbt ab und vergiftet ihn. Andere wieder sterben in den Wehen, und nur das Kind, die Idee, kommt zur Welt. Kirilow ist einer, der sich ermorden muß, um ganz wahr bleiben zu können, Schatow ist einer, der ermordet wird, um seine Wahrheit zu bezeugen.

Aber die anderen, die heroischen Helden Dostojewskis, der Staretz Sossima, Raskolnikow, Stepanowitsch, Rogoschin, Dimitri Karamasow vernichten ihr soziales Ich, den dunklen Raupenstand ihres inneren Wesens, um wie

Schmetterlinge sich der abgestorbenen Form zu entschwingen, das Beflügelte aus dem Kriechenden, das Erhobene aus dem Erdschweren. Die Umkrustung der seelischen Hemmung zerbricht, die Seele, die Allmenschenseele strömt aus, strömt ins Unendliche zurück. Alles Persönliche, alles Individuelle ist in ihnen abgetan, daher auch die absolute Ähnlichkeit all dieser Gestalten im Augenblick ihrer Vollendung. Aljoscha ist kaum von dem Staretz, Karamasow kaum von Raskolnikow zu unterscheiden, wie sie aus ihren Verbrechen mit tränengebadetem Gesicht in das Licht des neuen Lebens treten. Am Ende aller Romane Dostojewskis ist die Katharsis der griechischen Tragödie, die große Entsühnung: über den verdonnernden Gewittern und der gereinigten Atmosphäre flammt die erhabene Glorie des Regenbogens, das höchste russische Symbol der Versöhnung.

Erst wenn die Helden Dostojewskis den reinen Menschen aus sich geboren haben, treten sie in die wahre Gemeinschaft. Bei Balzac triumphiert der Held, wenn er die Gesellschaft zwingt, bei Dickens, wenn er sich in die soziale Schicht, in das bürgerliche Leben, in die Familie, in den Beruf friedlich einordnet. Die Gemeinschaft, die der Held Dostojewskis anstrebt, ist keine soziale mehr, sondern schon eine religiöse, er sucht nicht Gesellschaft, sondern Weltbruderschaft. Einzig von diesem letzten Menschen handeln alle seine Romane: das Soziale, die Zwischenstadien der Gesellschaft mit ihrem halben Stolz und schiefen Haß sind überwunden, der Ichmensch ist zum Allmenschen geworden und in unendlicher Demut und glühender Liebe grüßt sein Herz den Bruder, den reinen Menschen in jedem anderen. Dieser letzte, gereinigte Mensch kennt keine Unterschiede mehr, kein soziales Standesbewußtsein: nackt, wie im Paradies, hat seine Seele keine Scham, keinen Stolz, keinen Haß und keine Verachtung. Verbrecher und Dirne, Mörder und Heilige, Fürsten und Trunkenbolde, sie halten Zwiesprache in jenem untersten und eigentlichsten Ich ihres Lebens, alle Schichten fließen ineinander, Herz zu Herz, Seele in Seele. Nur das entscheidet bei Dostojewski: wie weit einer wahr wird und zum wirklichen Menschentum gelangt. Wie diese Entsühnung, diese Selbstgewinnung zustande kam, ist gleichgültig. Wer erkannt hat, versteht alles und weiß, „daß die Gesetze des Menschengeistes noch so unerforscht und geheimnisvoll sind, daß es weder gründliche Ärzte noch endgültige Richter gibt“, weiß, es ist keiner schuldig oder alle, keiner darf keines Richter sein, jeder nur Bruder dem Bruder. Im Kosmos Dostojewskis gibt es darum keine endgültig Verworfenen, keine „Bösewichter“, keine Hölle und keinen untersten Kreis wie bei Dante, aus denen selbst Christus die Verurteilten nicht zu erheben vermag. Er kennt nur Purgatorien und weiß, daß der irrhandelnde Mensch noch immer mehr der seelisch Glühende ist und näher dem wahren Menschen als die Stolzen, die Kalten und Korrekten, in deren Brust er erfroren ist zu bürgerlicher Gesetzmäßigkeit. Seine wahren Menschen haben gelitten, haben darum Ehrfurcht vor dem Leiden und damit das letzte Geheimnis der Erde. Wer leidet, ist durch Mitleid schon Bruder, und allen seinen Menschen ist, weil sie nur auf den inneren Menschen, auf den Bruder blicken, das Grauen fremd. Sie besitzen die erhabene Fähigkeit, die er einmal die typisch russische nennt, nicht lange hassen zu können, und darum eine unbegrenzte Verstehensfähigkeit alles Irdischen. Noch hadern sie oft mitsammen, noch quälen sie sich, weil sie sich ihrer eigenen Liebe schämen, weil sie die eigene Demut für eine Schwäche halten und noch nicht ahnen, daß sie die fruchtbarste Kraft der Menschheit ist. Aber ihre innere Stimme weiß immer schon um die Wahrheit. Während sie einander mit Worten schmähen und befeinden, blicken die inneren Augen sich längst selig verstehend an, Lippe küßt leidvoll den Brudermund. Der nackte, der ewige Mensch in ihnen hat sich erkannt, und dies Mysterium der Allversöhnung in der brüderlichen Erkennung, dieser orphische Gesang der Seelen, ist die lyrische Musik in Dostojewskis dunklem Werk.

Realismus und Phantastik

Was kann für mich phantastischer sein als die Wirklichkeit?
Dostojewski

Wahrheit, die unmittelbare Wirklichkeit seines begrenzten Seins sucht der Mensch bei Dostojewski: Wahrheit sucht auch der Künstler in Dostojewski. Er ist Realist und ist es so konsequent – immer geht er ja an die äußerste Grenze, wo die Formen ihrem Widerspiel: dem Gegensatz so geheimnisvoll ähnlich werden –, daß diese Wirklichkeit jeden an das Mittelmaß gewöhnten täglichen Blick phantastisch anmutet. „Ich liebe den Realismus bis dorthin, wo er an das Phantastische reicht", sagt er selbst, „denn was kann für mich phantastischer und unerwarteter, ja unwahrscheinlicher sein als die Wirklichkeit?" Die Wahrheit – dies entdeckt man bei keinem Künstler zwingender als bei Dostojewski – steht nicht hinter, sondern gleichsam gegen die Wahrscheinlichkeit. Sie ist über die Sehschärfe des gemeinen, des psychologisch unbewehrten Blickes hinaus: wie im Wassertropfen das unbewaffnete Auge noch klare spiegelnde Einheit, das Mikroskop aber wimmelnde Vielfalt, myriadenhaftes Chaos von Infusorien schaut, so erkennt der Künstler mit dem höheren Realismus Wahrheiten, die widersinnig scheinen gegen die offenbaren.

Diese höhere oder diese tiefere Wahrheit zu erkennen, die gleichsam tief unter der Haut der Dinge liegt und schon nah dem Herzpunkt aller Existenz, war Dostojewskis Leidenschaft. Er will gleichzeitig den Menschen als Einheit und Vielfalt, im Freiblick und im geschärften gleich wahr erkennen, und darum ist sein visionärer und wissender Realismus, der die Kraft eines Mikroskops und die Leuchtstärke des Hellsehers vereinigt, wie durch eine Mauer geschieden von dem, was die Franzosen als erste Wirklichkeitskunst und Naturalismus benannten. Denn obzwar Dostojewski in seinen Analysen exakter ist und weiter geht als irgendeiner von denen, die sich „konsequente Naturalisten" nannten (womit sie meinten, daß sie bis an das Ende gingen, während Dostojewski jedes Ende noch überschreitet), ist seine Psychologie gleichsam aus einer anderen Sphäre des schöpferischen Geistes. Der exakte Naturalismus von anno Zola kommt geradewegs aus der Wissenschaft her. Flaubert destilliert in der Retorte seines Gehirns 2000 Bücher aus der Pariser Nationalbibliothek, um das Naturkolorit der „Tentation" oder der „Salammbô" zu finden, Zola läuft drei Monate, ehe er seine Romane schreibt, wie ein Reporter mit dem Notizbuch auf die Börse, in die Warenhäuser und Ateliers, um Modelle abzuzeichnen, Tatsachen einzufangen. Die Wirklichkeit ist diesen Weltabzeichnern eine kalte, berechenbare, offenliegende Substanz. Sie sehen alle Dinge mit dem wachen, wägenden, tarierenden Blick des Photographen. Sie sammeln, ordnen, mischen und destillieren, kühle Wissenschaftler der Kunst, die einzelnen Elemente des Lebens, und betreiben eine Art Chemie der Bindung und Lösung.

Dostojewskis künstlerischer Beobachtungsprozeß dagegen ist vom Dämonischen nicht abzulösen. Ist Wissenschaft jenen anderen Kunst, so ist die seine Schwarzkunst. Er treibt nicht experimentelle Chemie, sondern Alchimie der Wirklichkeit, nicht Astronomie, sondern Astrologie der Seele. Er ist kein kühler Forscher. Als heißer Halluzinant starrt er nieder in die Tiefe des Lebens wie in einen dämonischen Angsttraum. Aber doch, seine sprunghafte Vision ist vollkommener als jener geordnete Betrachtung. Er sammelt nicht, und hat doch alles. Er berechnet nicht, und doch ist sein Maß unfehlbar. Seine Diagnosen, die hellseherischen, fassen im Fieber der Erscheinung den geheimnisvollen Ursprung, ohne den Puls der Dinge nur anzutasten. Etwas von hellsichtiger Traumerkenntnis ist in seinem Wissen, etwas von Magie in seiner Kunst. Ein Zeichen bloß, und schon faßt er faustisch die Welt. Ein Blick, und schon wird er zum Bild. Er braucht nicht viel zu zeichnen, nicht die Kärrnerarbeit des Details zu leisten. Er zeichnet mit Magie. Man besinne einmal die großen Gestalten dieses Realisten: Raskolnikow, Aljoscha und Fedor Karamasow, Myschkin, sie, die uns allen so ungeheuer gegenständlich sind im Gefühl. Wo schildert er sie? In drei Zeilen vielleicht umreißt er ihr Antlitz mit einer Art zeichnerischer Kurzschrift. Er sagt von ihnen gleichsam nur ein Merkwort, umschreibt ihr Gesicht mit vier oder fünfschlichten Sätzen, und das ist alles. Das Alter, der Beruf, der Stand, die Kleidung, die Haarfarbe, die Physiognomik, all das scheinbar so Wesentliche der Personenbeschreibung ist in bloß stenographischer Kürze festgehalten. Und doch, wie glüht jede dieser Figuren uns im Blut. Man vergleiche nun mit diesem magischen Realismus die exakte Schilderung eines konsequenten Naturalisten. Zola nimmt, ehe er zu arbeiten anfängt, ein ganzes Bordereau von seinen Figuren auf, er verfaßt (man kann sie heute noch nachsehen, diese merkwürdigen Dokumente) einen regelrechten Steckbrief, einen Passierschein für jeden Menschen, der die Schwelle des Romanes übertritt. Er mißt ihn ab, wieviel Zentimeter er hoch ist, notiert, wieviel Zähne ihm fehlen, er zählt die Warzen auf seinen Wangen, streicht den Bart nach, ob er rauh oder zart ist, greift jeden Pickel auf der Haut ab, tastet die Fingernägel nach, er weiß die Stimme, den Atem seiner Menschen, er verfolgt ihr Blut, Erbschaft und Belastung, schlägt sich ihr Konto auf in der Bank, um ihre Einnahmen zu wissen. Er mißt, was man von außen überhaupt nur messen kann. Und doch, kaum daß die Gestalten in Bewegung geraten, verflüchtigt sich die Einheit der Vision, das künstliche Mosaik zerbricht in seine tausend Scherben. Es bleibt ein seelisches Ungefähr, kein lebendiger Mensch.

Hier ist nun der Fehler jener Kunst: die Naturalisten schildern exakt die Menschen zu Anfang des Romans in ihrer Ruhe, gleichsam in ihrem seelischen Schlaf: ihre Bilder sind darum bloß von der nutzlosen Treue der Totenmasken. Man sieht den Toten, die Figur, nicht das Leben darin. Aber genau, wo jener Naturalismus endet, beginnt erst der unheimlich große Naturalismus Dostojewskis. Seine Menschenwerden plastisch erst in der Erregtheit, in der Leidenschaft, im gesteigerten Zustand. Während jene versuchen, die Seele durch den Körper darzustellen, bildet er den Körper durch die Seele: erst wenn die Leidenschaft seines Menschen die Züge strafft und spannt, das Auge sich feuchtet im Gefühl, wenn die Maske der bürgerlichen Stille, die Seelenstarre, von ihnen abfällt, wird sein Blick erst bildhaft. Erst wenn seine Menschen glühen, tritt Dostojewski, der Visionär, an das Werk, sie zu formen.

Absichtlich sind also und nicht zufällig bei Dostojewski die anfänglich dunkeln und ein wenig schattenhaften Konturen der ersten Schilderung. In seine Romane tritt man ein wie in ein dunkles Zimmer. Man sieht nur Umrisse, hört undeutliche Stimmen, ohne recht zu fühlen, wem sie zugehören. Erst allmählich gewöhnt sich, schärft sich das Auge: wie auf den Rembrandtschen Gemälden beginnt aus einer tiefen Dämmerung das feine seelische Fluidum in den Menschen zu strahlen. Erst wenn sie in die Leidenschaft geraten, treten sie ins Licht. Bei Dostojewski muß der Mensch immer erst glühen, um sichtbar zu werden, seine Nerven müssen gespannt sein bis zum Zerreißen, um zu klingen: „Um eine Seele formt sich bei ihm nur der Körper, um eine Leidenschaft nur das Bild." Jetzt erst, da sie gleichsam angeheizt sind, da in ihnen der merkwürdige Fieberzustand beginnt – alle Menschen Dostojewskis sind ja wandelnde Fieberzustände –, setzt sein dämonischer Realismus ein, beginnt jene zauberische Jagd nach den Einzelheiten, jetzt erst schleicht er der kleinsten Bewegung nach, gräbt das Lächeln aus, kriecht in die krummen Fuchslöcher der verworrenen Gefühle, folgt jeder Fußspur ihrer Gedanken bis in das Schattenreich des Unbewußten. Jede Bewegung zeichnet sich plastisch ab, jeder Gedanke wird kristallen klar, und je mehr sich die gejagten Seelen ins Dramatische verstricken, um so mehr glühen sie von innen, um so durchsichtiger wird ihr Wesen. Gerade die unfaßbarsten, die jenseitigsten Zustände, die krankhaften, die hypnotischen, die ekstatischen, die epileptischen haben bei Dostojewski die Präzision einer klinischen Diagnose, den klaren Umriß einer geometrischen Figur. Nicht die feinste Nuance ist dann verschwommen, nicht die kleinste Schwingung entgleitet dann seinen geschärften Sinnen: gerade dort, wo die anderen Künstler versagen und, gleichsam geblendet vom übernatürlichen Licht, den Blick wegwenden, dort wird Dostojewskis Realismus am sichtbarsten. Und diese Augenblicke, da der Mensch die äußersten Grenzen seiner Möglichkeiten erreicht, da Wissen schon fast Wahnwitz wird und Leidenschaft zum Verbrechen, sie sind auch die unvergeßlichsten Visionen seines Werkes. Rufen wir uns das Bild Raskolnikows in die Seele, so sehen wir ihn nicht als schlendernde Gestalt auf der Straße oder im Zimmer, als einen jungen Mediziner von 25 Jahren, als Menschen von diesen und jenen äußeren Eigenheiten, sondern in uns ersteht die dramatische Vision seiner irren Leidenschaft, wie er mit zitternden Händen, kalten Schweiß auf der Stirn, gleichsam mit geschlossenen Augen die Treppe des Hauses hinaufschleicht, wo er gemordet hat, und in geheimnisvoller Trance, um seine Qualen noch einmal sinnlich zu genießen, die blecherne Klingel an der Tür der Ermordeten zieht. Wir sehen Dimitri Karamasow in den Purgatorien des Verhörs, schäumend vor Wut, schäumend vor Leidenschaft, den Tisch zertrümmern mit seinen rasenden Fäusten. Immer sehen wir bei Dostojewski den Menschen erst bildhaft im Zustande der höchsten Erregtheit, am Endpunkte seines Gefühles, so wie Leonardo in seinen grandiosen Karikaturen die Groteske des Körpers, die Abnormität des Physischen zeichnet, dort, wo sie über die gemeine Form hervordrängt, so faßt Dostojewski die Seele des Menschen im Augenblick des Überschwangs, gleichsam in den Sekunden, da sich der Mensch über den äußersten Rand seiner Möglichkeiten vorbeugt. Der mittlere Zustand ist ihm wie jeder Ausgleich, wie jede Harmonie, verhaßt: nur das Außerordentliche, das Unsichtbare, das Dämonische reizt seine künstlerische Leidenschaft zum äußersten Realismus. Er ist der unvergleichlichste Plastiker des Ungewöhnlichen, der größte Anatom der reizbaren und kranken Seele, den die Kunst je gekannt.

Das Instrument nun, das geheimnisvolle, mit dem Dostojewski in diese Tiefe seiner Menschen dringt, ist das Wort. Goethe schildert alles durch den Blick. Er ist – Wagner hat diese Unterschiede am glücklichsten ausgesprochen – Augenmensch, Dostojewski Ohrenmensch. Er muß seine Menschen erst sprechen hören, sprechen lassen, damit wir sie als sichtbar empfinden, und ganz deutlich hat Mereschkowski in seiner genialen Analyse der beiden russischen Epiker ausgedrückt: bei Tolstoi hören wir, weil wir sehen, bei Dostojewski sehen wir, weil wir hören. Seine Menschen sind Schatten und Lemuren, solange sie nicht sprechen. Erst das Wort ist der feuchte Tau, der ihre Seele befruchtet: sie tun im Gespräch, wie phantastische Blüten, ihr Inneres auf, zeigen ihre Farben, die Pollen ihrer Fruchtbarkeit. In der Diskussion erhitzen sie sich, wachen sie auf aus ihrem Seelenschlaf, und erst gegen den wachen, gegen den leidenschaftlichen Menschen, ich sagte es ja schon, wendet sich Dostojewskis künstlerische Leidenschaft. Er lockt ihnen das Wort aus der Seele, um dann die Seele selbst zu fassen. Jene dämonische psychologische Scharfsichtigkeit des Details bei Dostojewski ist im letzten nichts anderes als eine unerhörte Feinhörigkeit. Die Weltliteratur kennt keine vollkommeneren plastischen Gebilde als die Aussprüche der Menschen Dostojewskis. Die Wortstellung ist symbolisch, die Sprachbildung charakteristisch, nichts zufällig, jede abgebrochene Silbe, jeder weggesprungene Ton die Notwendigkeit selbst. Jede Pause, jede Wiederholung, jedes Atemholen, jedes Stottern ist wesentlich, immer hört man unter dem ausgesprochenen Wort das unterdrückte Mitschwingen.

Man weiß aus der Rede bei Dostojewski nicht nur, was jeder einzelne Mensch sagt und sagen will, sondern auch, was er verschweigt. Und dieser geniale Realismus des seelischen Hörens geht restlos mit in die geheimnisvollsten Zustände des Wortes, in die sumpfige, stockende Fläche des trunkenen Irreredens, in die beflügelte, keuchende Ekstase des epileptischen Anfalles, in das Dickicht der lügnerischen Verworrenheit. Aus dem Dampf der erhitzten Rede ersteht die Seele, aus der Seele kristallisiert sich allmählich der Körper. Man träumt bei Dostojewski hellseherisch seine Menschen, sobald man sie sprechen hört. Dostojewski kann sich ersparen, sie graphisch zu zeichnen, denn wir selber werden in der Hypnose ihrer Rede zum Visionär. Ich will ein Beispiel wählen. Im „Idioten" geht der alte General, der pathologische Lügner, neben dem Fürsten Myschkin her und erzählt ihm Erinnerungen. Er beginnt zu lügen, gleitet immer tiefer in seine Lügen hinein und verstrickt sich gänzlich darin. Er redet, redet, redet. Über Seiten flutet seine Lüge hin.

Mit keiner Zeile nun schildert Dostojewski seine Haltung, aber aus seinem Wort, aus seinem Stolpern, seinem Stocken, seiner nervösen Hast spüre ich, wie er neben Myschkin hergeht, wie er sich verstrickt hat, sehe, wie er aufschaut, von der Seite den Fürsten vorsichtig anblickt, ob er ihm nicht mißtraue, wie er stehenbleibt, hoffend, der Fürst würde ihn unterbrechen. Ich sehe, wie der Schweiß auf seiner Stirne perlt, sehe, wie sein Gesicht, das zuerst begeisterte, nun sich immer mehr verkrampft in Angst, sehe, wie er in sich zusammenkriecht, ein Hund, der fürchtet, Prügel zu bekommen, und ich sehe den Fürsten, der selbst alle Anstrengungen des Lügners in sich fühlt und niederhält. Wo ist dies beschrieben bei Dostojewski? Nirgends, nicht in einer einzelnen Zeile, und doch sehe ich jedes Fältchen in seinem Gesicht mit leidenschaftlicher Klarheit. Irgendwo ist da das Arkanum des Visionären in der Rede, im Tonfall, in der Stellung der Silben, und so magisch ist diese Kunst der Wiedergabe, daß selbst durch die unumgängliche Verdickung, die ja jede Übertragung in eine fremde Sprache darstellt, noch die ganze Seele seiner Menschen schwingt. Der ganze Charakter des Menschen ist bei Dostojewski im Rhythmus seiner Rede. Und diese Komprimierung gelingt seiner genialen Intuition oft in einer winzigen Einzelheit, durch eine Silbe fast. Wenn Fedor Karamasow auf das Briefkuvert der Gruschenka zu ihrem Namen schreibt: „Mein Küchelchen!", so sieht man das Antlitz des senilen Wüstlings, sieht die schlechten Zähne, durch die ihm der Speichel über die schmunzelnden Lippen rinnt. Und wenn in den „Erinnerungen aus dem Totenhaus" der sadistische Major beim Stockprügeln „Hie-be, Hie-be" schreit, so ist in diesem winzigen Apostroph sein ganzer Charakter, ein brennendes Bild, ein Keuchen von

Gier, flackernde Augen, das gerötete Gesicht, das Keuchen der bösen Lust. Diese kleinen realistischen Details bei Dostojewski, die sich wie spitze Angelhaken ins Gefühl einbohren und widerstandslos mit ins fremde Erleben reißen, sie sind sein erlesenstes Kunstmittel und gleichzeitig der höchste Triumph des intuitiven Realismus über den programmatischen Naturalismus.

Aber Dostojewski verschwendet durchaus nicht diese seine Details. Er setzt ein einziges ein, wo andere hunderte applizieren, aber er spart sich diese kleinen grausamen Einzelheiten der letzten Wahrheit mit einem wollüstigen Raffinement auf, er überrascht mit ihnen gerade im Augenblick der höchsten Ekstase, wo man sie am wenigsten erwartet. Immer gießt er mit unerbittlicher Hand den Galletropfen Irdischkeit in den Kelch der Ekstase, denn für ihn heißt wirklich und wahrhaft sein: antiromantisch und antisentimental wirken. Er will, daß wir zwiespältig genießen, wie er selbst zwiespältig empfindet, er will auch hier keine Harmonie, keinen Ausgleich. Immer in allen seinen Werken sind diese schneidenden Zerrissenheiten, wo er mit satanischem Detail die sublimsten Sekunden aufsprengt und dem Heiligsten des Lebens seine Banalität entgegengrinst. Ich erinnere nur an die Tragödie des „Idioten", um einen solchen Augenblick des Kontrastes sichtlich zu machen. Rogoschin hat Nastassja Philipowna ermordet, nun sucht er Myschkin, den Bruder. Er findet ihn auf der Straße, er rührt ihn an mit der Hand. Sie brauchen nicht miteinander zu sprechen, furchtbare Ahnung weiß alles voraus. Sie gehen über die Straße in das Haus, wo die Ermordete liegt: irgendein ungeheures Vorempfinden von Größe und Feierlichkeit hebt sich in einem auf, alle Sphären erklingen. Die beiden Feinde eines Lebens, Brüder im Gefühl, schreiten in das Zimmer zur Ermordeten. Nastassja Philipowna liegt tot. Man spürt, diese Menschen werden sich nun das Letzte sagen, wie sie einander gegenüberstehen an der Leiche der Frau, die sie entzweite. Und dann kommt das Gespräch – und alle Himmel sind zerschlagen von der nackten, brutalen, brennend irdischen, teuflisch geistigen Sachlichkeit. Sie sprechen davon als erstes, als einziges – ob die Leiche riechen wird. Und Rogoschin erzählt mit schneidender Sachlichkeit, er habe „gute amerikanische Wachsleinwand" gekauft und „vier Fläschchen einer desinfizierenden Flüssigkeit darauf gegossen".

Solche Details sind es, die ich bei Dostojewski die sadistischen, die satanischen nenne, weil hier der Realismus mehr ist als ein bloßer Kunstgriff der Technik, weil er eine metaphysische Rache ist, Ausbruch geheimnisvoller Wollust, einer gewaltsamen ironischen Enttäuschung. „Vier Fläschchen"! das Mathematische der Zahl, „amerikanische Wachsleinwand"! die grauenhafte

Präzision des Details – das sind absichtliche Zerstörungen der seelischen Harmonie, grausame Revolten gegen die Einheit des Gefühls. Mit absichtlicher Bewußtheit (er ist der Antiromantiker, wie er der Antisentimentale ist) stellt er seine Szenerie mitten in die Banalität hinein. Schmutzige Kellerlokale, stinkend von Bier und Schnaps, dumpfe enge „Särge" von Zimmern, nur abgetrennt durch Holzwände, nie Salons, Hotels, Paläste, Kontore. Und mit Absicht sind seine Menschen äußerlich „uninteressant", schwindsüchtige Frauen, verlumpte Studenten, Nichtstuer, Verschwender, Tagediebe, niemals aber soziale Persönlichkeiten. Aber gerade in diese dumpfe Alltäglichkeit stellt er die größten Tragödien der Zeit. Aus dem Erbärmlichen steigt das Erhabene phantastisch auf. Nichts wirkt dämonischer bei ihm als dieser Kontrast äußerer Nüchternheit und seelischer Trunkenheit, räumlicher Armut und Verschwendung des Herzens. In Schnapszimmern verkünden trunkene Menschen die Wiederkehr des Dritten Reiches, sein Heiliger Aljoscha erzählt die tiefste Legende, während ihm eine Dirne auf dem Schöße sitzt, in Bordellen und Spielhäusern entfalten sich die Apostolate der Güte und Verkündung, und die erhabenste Szene Raskolnikows, wo der Mörder sich niederwirft und vor dem Leiden der ganzen Menschheit sich beugt, sie spielt im Zimmerwinkel einer Dirne bei dem stotternden Schneider Kapernaumow.

Ein ununterbrochener Wechselstrom, kalt oder warm, warm oder kalt, aber nie lau, ganz im Sinne der Apokalypse, so durchblutet seine Leidenschaft das Leben, von Unruhe zu Unruhe wirft er die aufgereizten Gefühle. Nie gerät man darum bei den Romanen Dostojewskis zur Rast, nie in die sanfte, musikalische Rhythmik des Lesens, nie läßt er einem ruhig den Atem rinnen, immer zuckt man wie unter elektrischen Schlägen beunruhigt auf, heißer, brennender, unruhiger, neugieriger von Seite zu Seite. Solange wir in seiner dichterischen Gewalt sind, werden wir ihm selber ähnlich. Wie in sich selbst, dem ewigen Dualisten, dem Menschen am Kreuzholz des Zwiespalts, wie in seinen Gestalten, zersprengt Dostojewski auch dem Leser die Einheit des Gefühls.

Aber doch – die Frage muß beantwortet sein –, warum wirkt trotz solcher dämonischer Vollendung der Wahrheit Dostojewskis Werk, dieses irdischeste aller Werke, doch wiederum unirdisch auf uns, als Welt zwar, aber doch wie eine neben oder über unserer Welt, nur nicht sie selbst? Warum stehen wir innen mit unserem tiefsten Gefühl und sind doch irgendwie befremdet? Warum brennt in allen seinen Romanen etwas wie künstliches Licht und ist Raum darinnen wie aus Halluzinationen und Träumen? Warum empfinden wir ihn, diesen äußersten Realisten immer mehr als Somnambulen denn als Darsteller der Wirklichkeit? Warum ist trotz aller Feurigkeit, ja Überhitztheit, doch nicht fruchtbare Sonnenwärme darin, sondern irgendein schmerzhaftes Nordlicht, blutig und blendend, warum empfinden wir diese wahrste Darstellung des Lebens, die je gegeben wurde, doch irgendwie nicht als das Leben selbst? Als unser eigenes Leben?

Ich versuche zu antworten. Das höchste Maß der Vergleiche ist für Dostojewski nicht zu gering, und am Erhabensten, am Unvergänglichsten der Weltliteratur können sie gewertet werden. Für mich ist die Tragödie der Karamasow nicht geringer als die Verstrickungen der Orestie, die Epik Homers, der erhabene Umriß von Goethes Werk. Sie alle, diese Werke, sind sogar einfältiger, schlichter, weniger erkenntnisreich, weniger zukunftsträchtig als die Dostojewskis. Aber sie sind doch irgendwie weicher und freundsamer für die Seele, sie geben Erlösung des Gefühls, während Dostojewski nur Erkenntnis gibt. Ich glaube: dieser ihrer Entspannung danken sie, daß sie nicht so menschlich, nur menschlich sind. Sie haben um sich einen heiligen Rahmen von strahlendem Himmel, von Welt, einen Atem von Wiesen und Feldern, einen Sternblick von Himmel, wo sich das Gefühl, das verschreckte, entspannt hinflüchtet und befreit. Im Homer, mitten in den Schlachten, im blutigsten Gemetzel der Menschen stehen ein paar Zeilen der Schilderung, und man atmet salzigen Wind vom Meer, das silberne Licht Griechenlands glänzt über die Blutstatt, beseligt erkennt das Gefühl den schmetternden Kampf der Menschen als einen kleinen nichtigen Wahn gegen das Ewige der Dinge. Und man atmet auf, man ist erlöst von der menschlichen Trübe. Auch Faust hat seinen Ostersonntag, schwingt die eigene Qual in die zerklüftete Natur, wirft seinen Jubel in den Frühling der Welt. In allen diesen Werken erlöst die Natur von der Menschenwelt. Dostojewski aber fehlt die Landschaft, fehlt die Entspannung. Sein Kosmos ist nicht die Welt, sondern nur der Mensch. Er ist taub für Musik, blind für Bilder, stumpf für Landschaft: mit einer ungeheuren Gleichgültigkeit gegen die Natur, gegen die Kunst ist sein unergründliches, sein unvergleichliches Wissen um den Menschen bezahlt. Und alles Nur-Menschliche hat eine Trübe von Unzulänglichkeit. Sein Gott wohnt nur in der Seele, nicht auch in den Dingen, ihm fehlt jenes kostbare Korn Pantheismus, das die deutschen, das die hellenischen Werke so selig und so befreiend macht.

Seine, Dostojewskis, Werke, sie spielen alle irgendwie in ungelüfteten Stuben, in rußigen Straßen, in dunstigen Kneipen, eine dumpfe menschliche, allzu menschliche Luft ist darinnen, die nicht klärend durchwühlt wird vom Wind aus den Himmeln und dem Sturz der Jahreszeiten. Man versuche doch einmal sich zu entsinnen bei seinen großen Werken, bei „Raskolnikow", dem

„Idioten", bei den „Karamasows", dem „Jüngling", in welcher Jahreszeit, in welcher Landschaft sie spielen. Ist es Sommer, Frühling oder Herbst? Vielleicht ist es irgendwo gesagt. Aber man fühlt es nicht. Man atmet es, man schmeckt es, man spürt, man erlebt es nicht. Sie spielen alle nur irgendwo im Dunkel des Herzens, das die Blitzschläge der Erkenntnis sprunghaft erhellen, im luftleeren Hohlraum des Hirnes, ohne Sterne und Blumen, ohne Stille und Schweigen. Großstadtrauch verdunkelt den Himmel ihrer Seele. Es fehlen ihnen die Ruhepunkte der Erlösung vom Menschlichen, jene seligsten Entspannungen, die besten des Menschen, wenn er den Blick von sich selbst und seinen Leiden gegen die fühllose, leidenschaftslose Welt kehrt. Das ist das Schattenhafte in seinen Büchern: wie von einer grauen Wand von Elend und Dunkelheit heben sich seine Gestalten ab, sie stehen nicht frei und klar in einer wirklichen Welt, sondern in einer Unendlichkeit bloß des Gefühls. Seine Sphäre ist Seelenwelt und nicht Natur, seine Welt nur die Menschheit.

Aber auch seine Menschheit selbst, so wunderbar wahrhaftig jeder einzelne ist, so fehllos ihr logischer Organismus, auch sie ist in ihrer Gesamtheit in einem gewissen Sinne unwirklich: etwas von Gestalten aus Träumen haftet ihnen an, und ihr Schritt geht im Raumlosen wie der von Schatten. Damit sei nicht gesagt, daß sie irgendwie unwahr wären. Im Gegenteil: sie sind überwahr. Denn Dostojewskis Psychologie ist eine fehllose, aber seine Menschen sind nicht plastisch, sondern sublim gesehen und durchfühlt, weil sie einzig aus Seele gestaltet sind und nicht aus Körperlichkeit. Dostojewskis Menschen kennen wir alle nur als wandelndes und gewandeltes Gefühl, Wesen aus Nerven und Seelen, bei denen man es fast vergißt, daß dieses Blut durch Fleisch rinnt. Nie rührt man sie gewissermaßen körperlich an. Auf den zwanzigtausend Seiten seines Werkes ist nie geschildert, daß einer seiner Menschen sitzt, daß er ißt, daß er trinkt, immer fühlen, sprechen oder kämpfen sie nur. Sie schlafen nicht (es sei denn, daß sie hellseherisch träumen), sie ruhen nicht, immer sind sie im Fieber, immer denken sie. Nie sind sie vegetativ, pflanzlich, tierisch, stumpf, immer nur bewegt, erregt, gespannt, und immer, immer wach.

Wach und sogar überwach. Immer im Superlativ ihres Seins. Alle haben sie die seelische Übersichtlichkeit Dostojewskis, alle sind sie Hellseher, Telepathen, Halluzinanten, alle pythische Menschen, und alle durchtränkt bis in die letzten Tiefen ihres Wesens von psychologischer Wissenschaft. Im gemeinen, im banalen Leben stehen – erinnern wir uns nur – die meisten Menschen im Konflikt mit einander und dem Schicksal einzig darum, weil sie sich nicht verstehen, weil sie einen bloß irdischen Verstand haben. Shakespeare, der andere große Psychologe der Menschheit, baut die Hälfte seiner Tragödien auf diese eingeborene Unwissenheit, auf dieses Fundament von Dunkel, das zwischen Mensch und Mensch als Verhängnis, als Stein des Anstoßes liegt. Lear mißtraut seiner Tochter, denn er ahnt ihren Edelmut nicht, die Größe der Liebe, die sich hier in Schamhaftigkeit verschanzt, Othello wiederum nimmt sich Jago als Einflüsterer, Cäsar liebt Brutus, seinen Mörder, alle sind sie dem wahren Wesen der irdischen Welt, der Täuschung verfallen. Bei Shakespeare wird wie im realen Leben das Mißverständnis, die irdische Unzulänglichkeit, zeugende tragische Kraft, die Quelle aller Konflikte. Die Menschen Dostojewskis aber, diese Überwissenden, sie kennen kein Mißverstehen. Jeder ahnt immer prophetisch den anderen, sie verstehen einander restlos bis in die letzten Tiefen, sie saugen sich das Wort aus dem Munde, noch ehe es gesagt ist, und den Gedanken noch aus dem Mutterleib der Empfindung. Das Unbewußte, das Unterbewußte ist bei ihnen überentwickelt, alle sind sie Propheten, alle Ahnende und Visionäre, überladen von Dostojewski mit seiner eigenen mystischen Durchdringung des Seins und des Wissens. Ich will ein Beispiel wählen, um deutlicher zu sein. Nastassja Philipowna wird von Rogoschin ermordet. Sie weiß es vom ersten Tage, da sie ihn erblickt, weiß es in jeder Stunde, in der sie ihm angehört, daß er sie ermorden wird, sie flieht vor ihm, weil sie es weiß, und flüchtet zurück, weil sie ihr eigenes Schicksal begehrt. Sie kennt das Messer sogar Monate voraus, das ihr die Brust durchstößt. Und Rogoschin weiß es, auch er kennt das Messer und ebenso Myschkin. Seine Lippen zittern, wenn er einmal im Gespräch zufällig Rogoschin mit diesem Messer spielen sieht. Und gleicherweise beim Morde Fedor Karamasows ist das Wissensunmögliche allen bewußt. Der Staretz fällt in die Knie, weil er das Verbrechen wittert, selbst der Spötter Rakitin weiß diese Zeichen zu deuten. Aljoscha küßt seines Vaters Schulter, wie er von ihm Abschied nimmt, auch sein Gefühl weiß es, daß er ihn nicht mehr sieht. Iwan fährt nach Tschermaschnjä, um nicht Zeuge des Verbrechens zu sein. Der Schmutzfink Smerdjakow sagt es ihm lächelnd voraus. Alle, alle wissen es, und den Tag und die Stunde und den Ort aus einer Überladenheit mit prophetischer Erkenntnis, die unwahrscheinlich ist in ihrer Zuvielfältigkeit. Alle sind sie Propheten, Erkenner, alle Allesversteher.

Hier wieder in der Psychologie erkennt man jene zwiefache Form aller Wahrheit für den Künstler. Obwohl Dostojewski den Menschen tiefer kennt als irgendeiner vor ihm, so ist ihm doch Shakespeare überlegen als Kenner der Menschheit. Er hat das Gemischte des Daseins erkannt, das Gemeine und

Gleichgültige neben das Grandiose gestellt, wo Dostojewski einen jeden ins Unendliche steigert. Shakespeare hat die Welt im Fleisch erkannt, Dostojewski im Geist. Seine Welt ist vielleicht die vollkommenste Halluzination der Welt, ein tiefer und prophetischer Traum von der Seele, ein Traum, der die Wirklichkeit noch überflügelt: aber Realismus, der über sich selbst hinaus ins Phantastische reicht. Der Überrealist Dostojewski, der Überschreiter aller Grenzen, er hat die Wirklichkeit nicht geschildert: er hat sie über sich selbst hinaus gesteigert.

Von innen also, von der Seele allein, ist hier die Welt in Kunst gestaltet, von innen gebunden, von innen erlöst. Diese Art von Kunst, die tiefste und menschlichste aller, hat keine Vorfahren in der Literatur, weder in Rußland noch irgendwo in der Welt. Dieses Werk hat nur Brüder in der Ferne. An die griechischen Tragiker gemahnt manchmal der Krampf und die Not, dieses Übermaß von Qual in den Menschen, die unter dem Griff des übermächtigen Schicksals sich krümmen, an Michelangelo manchmal durch die mystische, steinerne, unerlösbare Traurigkeit der Seele. Aber der wahre Bruder Dostojewskis durch die Zeiten ist Rembrandt. Beide stammen sie aus einem Leben von Mühsal, Entbehrung, Verachtung, Ausgestoßene der Irdischkeit, gepeitscht von den Bütteln des Geldes in die tiefste liefe des menschlichen Seins hinab. Beide wissen sie um den schöpferischen Sinn der Kontraste, den ewigen Streit von Dunkel und Licht, und wissen, daß keine Schönheit tiefer ist als die heilige der Seele, die aus der Nüchternheit des Seins gewonnen ist. Wie Dostojewski seine Heiligen aus russischen Bauern, Verbrechern und Spielern, gestaltet sich Rembrandt seine biblischen Figuren von den Modellen der Hafengassen; beiden ist in den niedersten Formen des Lebens irgendeine geheimnisvolle, neue Schönheit verborgen, beide finden sie ihren Christus im Abhub des Volks. Beide wissen sie von dem ständigen Spiel und Widerspiel der Erdenkräfte, von Licht und Dunkel, das gleich mächtig im Lebendigen wie im Beseelten waltet, und hier wie dort ist alles Licht aus dem letzten Dunkel des Lebens genommen. Je mehr man in die Tiefe der Bilder Rembrandts, der Bücher Dostojewskis blickt, sieht man das letzte Geheimnis der weltlichen und geistigen Formen sich entringen: Allmenschlichkeit.

Architektur und Leidenschaft

Que celui aime peu, qui aime la mesure!
La Boeti

„Alles treibst du bis zur Leidenschaft." Das Wort Nastassja Philipownas trifft alle Menschen Dostojewskis und trifft vor allem ihn, Dostojewski selbst, mitten in die Seele. Nur leidenschaftlich kann dieser Gewaltige den Phänomenen des Lebens entgegentreten und darum am leidenschaftlichsten seiner leidenschaftlichsten Liebe: der Kunst. Selbstverständlich, daß der schöpferische Prozeß, die künstlerische Bemühung, bei ihm nicht eine geruhige, ordnend aufbauende, kühl berechnend architektonische ist. Dostojewski schreibt im Fieber, wie er im Fieber denkt, im Fieber lebt. Unter der Hand, die die Worte in fließenden kleinen Perlenketten (er hat die nervöse Eilschrift aller hitzigen Menschen) über das Papier rinnen läßt, hämmert der Puls in verdoppelten Schlägen. Schöpfung ist ihm Ekstase, Qual, Entzückung und Zerschmetterung, eine zum Schmerz gesteigerte Wollust, ein zur Wollust gesteigerter Schmerz. „Unter Tränen" schreibt der Zweiundzwanzigjährige sein erstes Werk „Arme Leute", und seitdem ist jede Arbeit eine Krise, eine Krankheit. „Ich arbeite nervös, unter Qual und Sorgen. Wenn ich angestrengt arbeite, bin ich auch physisch krank." Und tatsächlich, die Epilepsie, seine mystische Krankheit, dringt ein mit ihrem fiebrigen, entzündlichen Rhythmus, mit ihren dunklen, dumpfen Hemmungen, bis in die feinsten Vibrationen seines Werkes. Immer aber schafft Dostojewski mit dem Ganzen seines Wesens, im hysterischen Furor. Selbst die kleinsten, scheinbar gleichgültigen Partien seines Werkes, wie die journalistischen Aufsätze, sind gegossen und geschmolzen in der feurigen Esse seiner Leidenschaft. Nie schafft er mit dem bloß abgelösten, frei wirkenden Teil seiner schaffenden Kraft, gleichsam aus dem Handgelenk, immer ballt er seine ganze physische Erregbarkeit in das Geschehnis, bis an den letzten Nerv seines Lebens leidend und mitleidend in seinen Gestalten. Alle seine Werke sind gleichsam explosiv in rasenden Wetterschlägen durch einen ungeheuren atmosphärischen Druck herausgeschwemmt. Dostojewski kann nicht gestalten ohne inneren Anteil, und für ihn gilt das bekannte Wort über Stendhal: „Lorsqu'il n'avait pas d'émotion, il était sans esprit." Wenn Dostojewski nicht leidenschaftlich war, war er nicht Dichter.

Aber Leidenschaft in der Kunst wird ebenso zerstörendes Element, als sie bildnerisches war. Sie schafft nur das Chaos der Kräfte, dem der klare Geist erst die ewigen Formen erlöst. Alle Kunst braucht die Unruhe als Antrieb der Gestaltung, aber nicht minder eine überlegen-überlegte Ruhe der Auswägung zu einer Vollendung. Dostojewskis mächtiger, die Wirklichkeit diamanten durchdringender Geist weiß nun wohl um die marmorne, eherne Kühle, die das große Kunstwerk umwittert. Er liebt, er vergöttert die große Architektonik, er entwirft prachtvolle Maße, erhabene Ordnungen des Weltbildes. Aber immer wieder überflutet das leidenschaftliche Gefühl die Fundamente. Vergebens sucht Dostojewski als Künstler objektiv zu schaffen, außen zu bleiben, bloß zu erzählen und zu gestalten, Epiker zu sein, Referent von Geschehnissen, Analytiker der Gefühle. Unwiderstehlich reißt ihn seine Leidenschaft in Leiden und Mitleiden immer wieder in die eigene Welt. Immer ist etwas vom Chaos des Anfangs selbst in den vollendeten Werken Dostojewskis, nie die Harmonie erreicht („Ich hasse die Harmonie“, so schreit Iwan Karamasow, der Verräter seiner geheimsten Gedanken). Auch hier ist zwischen Form und Wille kein Friede, kein Ausgleich, sondern – o ewige Zweiheit seines Wesens, alle Formen durchdringend von der kalten Schale bis zum glühendsten Kern! – ein unablässiger Kampf zwischen außen und innen. Der ewige Dualismus seines Wesens heißt im epischen Werke Kampf zwischen Architektur und Leidenschaft.

Nie erreicht Dostojewski in seinen Romanen, was man fachmännisch „den epischen Vortrag“ nennt, jenes große Geheimnis, bewegtes Geschehen in ruhiger Darstellung zu bändigen, das von Homer bis Gottfried Keller und Tolstoi sich in unendlicher Ahnenreihe von Meister auf Meister vererbt. Leidenschaftlich formt er seine Welt, und nur leidenschaftlich, nur erregt, kann man sie genießen. Wie eine Krankheit erlebt man die Krise seiner Menschen im Blute, wie eine Entzündung brennen die Probleme im aufgepeitschten Gefühl. Mit allen unseren Sinnen taucht er uns in seine brennende Atmosphäre, stößt er uns an den Abgrundrand der Seele, wo wir keuchend stehen, schwindeligen Gefühls, mit abgerissenem Atem. Und erst, wenn unsere Pulse jagen wie die seinen, wir selbst der dämonischen Leidenschaft verfallen sind, erst dann gehört sein Werk ganz uns, gehören wir ihm ganz.

Es läßt sich nicht verleugnen, nicht verbergen, nicht verschönern: das Verhältnis Dostojewskis zum Leser ist weder ein freundschaftliches noch ein behagliches, sondern eine Zwietracht voll gefährlicher, grausamer, wollüstiger Instinkte. Es ist eine leidenschaftliche Beziehung wie zwischen Mann und Weib, nicht wie bei den andern Dichtern ein Verhältnis der Freundschaft und des Vertrauens. Dickens oder Gottfried Keller, seine Zeitgenossen, führen mit sanfter Überredung, mit musikalischer Lockung den Leser in ihre Welt, sie plaudern ihn freundlich ins Geschehnis hinein. Er, der Leidenschaftliche, will uns ganz haben, nicht bloß unsere Neugier, unser Interesse, er begehrt unsere ganze Seele, selbst unsere Körperlichkeit. Zuerst lädt er die innere Atmosphäre mit Elektrizität, raffiniert steigert er unsere Reizbarkeit. Eine Art Hypnose setzt ein, ein Willensverlust in seinen leidenschaftlichen Willen: wie das dumpfe Murmeln des Beschwörenden, endlos und sinnlos umtut er den Sinn mit breiten Gesprächen, reizt mit Geheimnis und Andeutungen die Anteilnahme bis tief nach innen.

Er duldet nicht, daß wir zu früh uns hingeben, er dehnt in wollüstigem Wissen die Marter der Vorbereitung, Unruhe beginnt in einem leise zu kochen, aber immer wieder verzögert er, neue Figuren vorschiebend, neue Bilder entrollend, den Einblick in das Geschehnis. Ein wissender, ein wollüstiger Erotiker, hält er unsere Hingebung mit teuflischer Willenskraft zurück und steigert damit den inneren Druck, die Gereiztheit der Atmosphäre. (Wie lange dauert es in Raskolnikow, ehe man weiß, daß all diese sinnlosen seelischen Zustände Vorbereitungen zu seinem Morde sind, und doch spürt man längst in den Nerven Furchtbares voraus!) Aber Dostojewskis sinnliche Wollüstigkeit berauscht sich im Raffinement der Verzögerung, sie prickelt wie Nadelstiche kleine Andeutungen in die Haut des Empfindens. Mit satanischer Verlangsamung stellt Dostojewski vor seine großen Szenen noch Seiten und Seiten mystischer und dämonischer Langweile, bis er in dem Reizmenschen (ein anderer fühlt ja nichts von diesen Dingen) ein geistiges Fieber, eine physische Qual erzeugt. Erst dann, wenn im überheizten Kessel der Brust das Gefühl schon brodelt und die Wände sprengen will, dann erst schlägt er einem mit dem Hammer auf das Herz, dann zuckt eine jener sublimen Sekunden nieder, da wie ein Blitz die Erlösung aus dem Himmel seines Werkes in die Tiefe unserer Herzen fährt. Erst wenn die Spannung unerträglich geworden ist, zerreißt Dostojewski das epische Geheimnis und löst das zerspannte Gefühl in weiche, flutende, tränenfeuchte Empfindung.

So feindlich, so wollüstig, so raffiniert leidenschaftlich umstellt, umfaßt Dostojewski seine Leser. Nicht im Ringkampf zwingt er sie nieder, sondern wie ein Mörder, der stundenlang und stundenlang sein Opfer umkreist, durchstößt er einem dann plötzlich mit einer spitzen Sekunde das Herz. Seine Technik ist eine explosive: er höhlt nicht kärrnerhaft, Schaufel um Schaufel, die Straße in sein Werk hinein, sondern von innen herauf mit einer ins kleinste geballten Kraft sprengt er die Welt auf und die erlöste Brust. Ganz unterirdisch sind seine Vorbereitungen, gleichsam eine Verschwörung, eine blitzartige Überraschung für den Leser. Nie weiß man, obwohl man fühlt, daß man einer Katastrophe entgegengeht, in welchen Menschen er die Stollen seiner Minengänge eingräbt, von welcher Seite, in welcher Stunde die furchtbare Entladung erfolgt. Von jedem einzelnen führt ein Schacht in den Mittelpunkt des Geschehens, jeder einzelne ist geladen mit dem Zündstoff der Leidenschaft. Wer aber den Kontakt zündet (zum Beispiel, wer von den vielen, die alle innerlich von dem Gedanken vergiftet sind, den Fedor Karamasow tötet), das ist mit einer unerhörten Kunst verborgen bis zum letzten Augenblick, denn Dostojewski, der alles ahnen läßt, verrät nichts von seinem Geheimnis. Man fühlt nur immer das Schicksal wie einen Maulwurf unter der Fläche des Lebens wühlen, fühlt, wie sich bis hart unter unser Herz die Mine vorschiebt, und vergeht, verzehrt sich in unendlicher Spannung bis zu den kleinen Sekunden, die wie ein Blitz die Schwüle der Atmosphäre zerschneiden.

Für diese kleinen Sekunden, für die unerhörte Konzentration des Zustandes benötigt der Epiker Dostojewski eine bisher ungekannte Wucht und Breite der Darstellung. Nur eine monumentale Kunst kann solch eine Intensität, eine solche Konzentration erzielen, nur eine Kunst urweltlicher Größe und mythischer Wucht. Hier ist Breite nicht Geschwätzigkeit, sondern Architektur: wie für die Spitzen der Pyramiden riesige Fundamente, sind für die spitzen Höhepunkte bei Dostojewski die gewaltigen Dimensionen seiner Romane notwendig. Und wirklich, wie die Wolga, der Dnjepr, die großen Ströme seiner Heimat, rollen diese Romane dahin. Etwas Stromhaftes ist ihnen allen zu eigen, langsam wogend rollen sie ungeheure Mengen des Lebens heran. Auf ihren tausenden und tausenden Seiten schwemmen sie, gelegentlich die Ufer des künstlerischen Gestaltens übertretend, viel politisches Geröll und polemisches Gestein mit sich fort. Manchmal, wo die Inspiration nachläßt, haben sie auch breite, sandige Stellen. Schon scheinen sie zu versiegen. In stockendem Lauf winden sich mühsam durch Krümmungen und Wirrungen die Geschehnisse weiter, die Flut stagniert an den Sandbänken der Gespräche für Stunden, bis sie wieder dann die eigene Tiefe und den Schwung ihrer Leidenschaft findet.

Aber dann, in der Nähe des Meeres, der Unendlichkeit, kommen plötzlich jene unerhörten Stellen der Stromschnelle, wo sich die breite Erzählung zum Wirbel zusammenballt, die Seiten gleichsam fliegen, das Tempo beängstigend wird, die Seele mitgerissen in den Abgrund des Gefühls hinpfeilt. Schon fühlt man die nahe Tiefe, schon donnert der Wassersturz her, die ganze breite schwere Masse ist plötzlich in schäumende Geschwindigkeit verwandelt, und wie die Strömung der Erzählung, gleichsam magnetisch vom Katarakt angezogen, der Katharsis zuschäumt, so sausen wir selbst unwillkürlich rascher durch diese Seiten und stürzen dann plötzlich in den Abgrund des Geschehens, gleichsam mit zerschmetterten Gefühlen.

Und dieses Gefühl, wo gleichsam die ungeheure Summe des Lebens in einer einzigen Ziffer gezogen ist, dieses Gefühläußerster Konzentration, qualvoll und schwindlig zugleich, das er selbst einmal das „Turmgefühl" nennt – den göttlichen Wahnsinn, sich über die eigene Tiefe zu beugen und die Seligkeit des tödlichen Niedersturzes vorempfindend zu genießen –, dieses äußerste Gefühl, in dem man mit dem ganzen Leben auch noch den Tod empfindet, es ist immer auch die unsichtbare Spitze der großen epischen Pyramiden Dostojewskis. Alle Romane sind vielleicht nur geschrieben um dieser Augenblicke der weißglühenden Empfindung willen. Zwanzig oder dreißig solcher grandiosen Stellen hat Dostojewski geschaffen, und alle sind sie von so unvergleichlicher Vehemenz der leidenschaftlichen Zusammenballung, daß sie einem nicht nur beim ersten Lesen, da sie einen gleichsam noch wehrlos überfallen, sondern noch beim vierten oder fünften Wiederholen wie eine Stichflamme durch das Herz fahren. Immer sind in diesem Augenblick plötzlich alle Menschen des ganzen Buches in einem Zimmer versammelt, immer alle in der äußersten Intensität ihres Eigenwillens. Alle Straßen, alle Ströme, alle Kräfte laufen magisch zusammen, lösen sich auf in einer einzigen Geste, einer einzigen Gebärde, einem einzigen Wort. Ich erinnere nur an die Szene in den „Dämonen", wo die Ohrfeige Schatows mit ihrem „trockenen Schlag" das Spinnweb des Geheimnisses zerreißt, wie im „Idioten" Nastassja Philipowna die 100 000 Rubel ins Feuer wirft, oder an die Geständnisszene in „Raskolnikow" und den „Karamasow". In diesen höchsten, schon nicht mehr stofflichen, in diesen ganz elementaren Momenten seiner Kunst gattet sich restlos Architektur und Leidenschaft. Nur in der Ekstase ist Dostojewski der einheitliche Mensch, nur in diesen kurzen Augenblicken der vollendete Künstler. Aber diese Szenen sind rein künstlerisch ein Triumph der Kunst über den Menschen ohnegleichen, denn erst rücklesend wird man gewahr, mit einer wie genialen Berechnung alle Anstiege zu diesem Höhepunkte geführt sind, wie die ungeheure Gleichung, die tausendstellige und verschränkte, sich plötzlich auflöst in die kleinste Zahl, die letzte, restlose Einheit des Gefühls: die Ekstase. Das ist das größte künstlerische Geheimnis Dostojewskis, alle seine Romane zu solchen Spitzen hinaufzubauen, in denen sich die ganze elektrische Atmosphäre des Gefühls sammelt und die den Blitz des Schicksals mit unfehlbarer Sicherheit in sich auffangen.

Muß noch besonders auf den Ursprung dieser einzigartigen Kunstform hingewiesen sein, die vor Dostojewski keiner besessen und vielleicht nie ein Künstler in gleichem Maße besitzen wird? Muß es noch gesagt sein, daß dieses Aufzucken der gesamten Lebenskräfte zu einzigen Sekunden nichts anderes ist, als in Kunst verwandelte, sinnfällige Form seines eigenen Lebens, seiner dämonischen Krankheit? Nie ist das Leiden eines Künstlers fruchtbarer gewesen als diese künstlerische Verwandlung der Epilepsie, denn nie hat sich vor Dostojewski in der Kunst eine ähnliche Konzentration von Lebensfülle in das engste Maß von Raum und Zeit gebannt. Er, der am Semenowskiplatz gestanden, die Augen verschnürt, und in zwei Minuten sein ganzes vergangenes Leben noch einmal durchlebte, der bei jedem epileptischen Anfall in der Sekunde zwischen dem wankenden Taumel und dem harten Niedersturz vom Sessel auf den Boden Welten visionär durchirrt, nur er konnte diese Kunst erreichen, in eine Nußschale von Zeit einen Kosmos von Geschehnissen einzubetten. Nur er das Unwahrscheinliche solcher explosiver Sekunden so dämonisch ins Wirkliche zwingen, daß wir dieser Fähigkeit der Überwindung von Raum und Zeit kaum gewahr werden. Wahre Wunder der Konzentration sind seine Werke. Ich erinnere nur an ein Beispiel: Man liest den ersten Band des „Idioten", der über 500 Seiten umfaßt. Ein Tumult von Schicksal hat sich erhoben, ein Chaos von Seelen ist durchflogen, eine Vielzahl von Menschen innerlich belebt. Man hat mit ihnen Straßen durchwandert, in Häusern gesessen, und plötzlich, bei zufälligem Besinnen, entdeckt man, daß diese ganze ungeheure Fülle von Geschehnissen in einem Ablauf von kaum zwölf Stunden vor sich ging, von Morgen bis Mitternacht. Ebenso ist die phantastische Welt der Karamasow in bloß ein paar Tage, die Raskolnikows in eine Woche zusammengeballt – Meisterstücke der Gedrängtheit, wie sie ein Epiker noch nie und selbst das Leben nur in den seltensten Augenblicken erreicht. Einzig die antike Tragödie des Ödipus etwa, die in der engenSpanne von Mittag bis Abend ein ganzes Leben und das vergangener Generationen zusammendrängt, kennt diesen rasenden Niedersturz von Höhe zu Tiefe, aber auch diese reinigende Kraft der seelischen Gewitter. Mit keinem epischen Werk läßt sich diese Kunst vergleichen, und darum wirkt Dostojewski immer in seinen großen Augenblicken als Tragiker, seine Romane gleichsam wie umhüllte, verwandelte Dramen; im letzten sind die Karamasow Geist vom Geiste der griechischen Tragödie, Fleisch vom Fleische Shakespeares. Nackt steht in ihnen, wehrlos und klein, der riesige Mensch unter dem tragischen Himmel des Schicksals.

Und seltsam, in diesen leidenschaftlichen Augenblicken der Niederstürze verliert plötzlich der Roman Dostojewskis auch seinen erzählerischen Charakter. Die dünne epische Umschalung schmilzt ab in der Hitze des Gefühls und verdunstet; nichts bleibt als der blasse weißglühende Dialog. Die großen Szenen in Dostojewskis Romanen sind nackte dramatische Dialoge. Man kann sie, ohne ein Wort beizufügen oder fortzulassen, auf die Bühne pflanzen, so festgezimmert ist jede einzelne Figur, so zur dramatischen Sekunde verdichtet sich in ihnen der breite strömende Gehalt der großen Romane. Das tragische Gefühl in Dostojewski, das immer zu Endgültigem drängt, zur gewaltsamen Spannung, zur blitzartigen Entladung, schafft in diesen Höhepunkten sein episches Kunstwerk scheinbar restlos zum dramatischen um.

Was in diesen Szenen an dramatischer, ja theatralischer Schlagkraft enthalten ist, haben selbstverständlich die eilfertigen Theaterhandwerker und Boulevarddramatiker zuerst erkannt, lang vor den Philologen, und rasch einige robuste Theaterstücke aus dem „Raskolnikow", dem „Idioten", den „Karamasow" gezimmert. Aber hier hat sich erwiesen, wie kläglich solche Versuche scheitern, Figuren Dostojewskis von außen, von ihrer Körperlichkeit und ihrem Schicksal zu fassen, sie aus ihrer Sphäre, der Seelenwelt, zu heben und von der gewitternden Atmosphäre der rhythmischen Reizbarkeit abzulösen. Wie abgeschälte Baumstämme, nackt und leblos, wirken diese Figuren dramatisch im Vergleich zu ihrer lebendigen, raunenden, rauschenden Wipfelhaftigkeit, die an die Himmel rührt und jede doch mit tausend geheimen Nervenfäden im epischen Erdreich wurzelt. Die Psychologie Dostojewskis ist keine für grelles Lampenlicht, sie spottet ihrer „Bearbeiter" und Vereinfacher. Denn in dieser epischen Unterwelt gibt es geheimnisvolle psychische Kontakte, Unterströmungen und Nuancierungen. Nicht aus sichtbaren Gesten, sondern aus tausend und tausend einzelnen Andeutungen bildet und formt sich bei ihm eine Gestalt, nichts Spinnwebzarteres kennt die Literatur, als dies seelische Netzwerk. Um einmal die Durchgängigkeit dieser subkutanen, gleichsam unter der Haut fließenden Unterströmungen der Erzählung zu empfinden, versuche man zur Probe einen Roman Dostojewskis in einer der gekürzten französischen Ausgaben zu lesen. Es fehlt anscheinend nichts darin: der Film der Geschehnisse rollt geschwinder ab, die Figuren erscheinen sogar agiler, geschlossener, leidenschaftlicher. Aber doch, sie sind irgendwo verarmt, ihrer Seele fehlt jener wunderbare irisierende Glanz, ihrer Atmosphäre die funkelnde Elektrizität, jene Schwüle der Spannung, die erst die Entladung so furchtbar und so wohltätig macht. Irgend etwas ist zerstört, das nicht wieder zu ersetzen ist, ein Zauberkreis gebrochen. Und gerade aus diesen Versuchen von Kürzungen und Dramatisierung erkennt man den Sinn der Breite bei Dostojewski, die Zweckhaftigkeit seiner scheinbaren Weitschweifigkeit.

Denn die kleinen, flüchtigen, gelegentlichen Andeutungen, die ganz zufällig und überflüssig scheinen, sie haben Erwiderung hundert und hundert Seiten später. Unter der Oberfläche der Erzählung laufen solche Leitungen verborgener Kontakte, die Meldungen weitertragen, geheimnisvolle Reflexe tauschen. Es gibt bei ihm seelische Chiffrierungen, ganz winzige physische und psychische Zeichen, deren Sinn erst beim zweiten, beim dritten Lesen offenbar wird. Kein Epiker hat ein gleichsam so durchnervtes System des Erzählens, ein so unterirdisches Gewirr der Begebenheit unter dem Knochenwerk des Geschehnisses, unter der Haut des Dialogs. Und doch, System kann man es kaum nennen: nur mit der scheinbaren Willkürlichkeit und doch geheimnisvollen Ordnung des Menschen selbst läßt sich dieser psychologische Prozeß vergleichen. Während die anderen epischen Künstler, insbesondere Goethe, mehr die Natur als den Menschen nachzuahmen scheinen und das Geschehnis organisch wie eine Pflanze, bildhaft wie eine Landschaft genießen lassen, erlebt man einen Roman Dostojewskis wie die Begegnung mit einem sonderbar tiefen und leidenschaftlichen Menschen. Dostojewskis Kunstwerk ist urirdisch bei aller Ewigkeit, unberechenbar und unergründbar, wie die Seele es in den Grenzen ihrer Körperlichkeit ist, und unvergleichbar innerhalb der Formen der Kunst.

Damit soll keineswegs gesagt sein, daß diese Romane an sich alle vollendete Kunstwerke wären, ja sie sind es viel weniger als manche ärmere Werke, die engere Kreise ziehen und sich mit Schlichterem bescheiden. Der Maßlose kann das Ewige erreichen, aber nicht nachbilden. Aber diese Ungeduld Dostojewskis, sie führt von der Tragödie seiner Kunst in die seines Lebens zurück. Denn dies war äußeres Schicksal und nicht innere Leichtfertigkeit bei ihm ebenso wie bei Balzac, daß er getrieben war vom Leben zur Eiligkeit und zu sehr gehetzt, um die Werke vollendet zu gestalten. Man vergesse nicht, wie diese Werke entstanden sind. Immer war schon der ganze Roman verkauft, während Dostojewski noch das erste Kapitel schrieb, jede Arbeit eine Hetzjagd von Vorschuß zu neuem Vorschuß. „Wie ein alter Postgaul" arbeitend, auf der Flucht durch die Welt, fehlt es ihm manchmal an Zeit und Ruhe, die letzte Feile anzulegen, und er weiß es selbst, der Wissendste aller, und empfindet es wie Schuld! „Mögen sie doch sehen, in welchem Zustande ich arbeite.

Sie verlangen von mir schlackenlose Meisterwerke, und aus bitterster, elendster Not bin ich zur Eile gezwungen", schreit er erbittert auf. Er flucht Tolstoi und Turgenjew, die, gemächlich auf ihren Gütern sitzend, die Zeilen runden und ordnen können, und denen er um nichts sonst neidisch ist. Keine Armut scheut er persönlich, aber der Künstler, erniedrigt zum Proletarier der Arbeit, schäumt gegen die „Gutsherrnliteratur" aus der unbändigen Sehnsucht des Artisten, einmal in Ruhe, einmal in Vollendung gestalten zu können. Jeden Fehler in seinen Werken kennt er, er weiß, daß nach seinen epileptischen Anfällen die Spannung nachläßt, die straffe Hülle des Kunstwerks gleichsam undicht wird und Gleichgültiges einströmen läßt. Oft müssen ihn Freunde oder seine Frau auf grobe Vergeßlichkeiten aufmerksam machen, die er in jener Verdunklung der Sinne nach dem Anfall begeht, wenn er die Manuskripte liest. Dieser Proletarier, dieser Taglöhner der Arbeit, dieser Sklave des Vorschusses, der in der Zeit seiner ärgsten Not drei gigantische Romane hintereinander schreibt, ist innerlich der bewußteste Artist. Er liebt fanatisch die Goldschmiedearbeit, das Filigran der Vollendung. Noch unter der Peitsche der Not feilt und bosselt er stundenlang an einzelnen Seiten, zweimal vernichtet er den „Idioten", obzwar seine Frau hungert und die Hebamme noch nicht bezahlt ist. Unendlich ist sein Wille zur Vollendung, aber auch die Not ist unendlich. Wieder ringen die beiden gewaltigsten Mächte um seine Seele, der äußere Zwang und der innere. Auch als Künstler bleibt er der große Zerspaltene der Zweiheit. Wie der Mensch in ihm ewig nach Harmonie und Ruhe, so dürstet der Künstler in ihm ewig nach Vollendung. Hier wie dort hängt er mit zerrissenen Armen am Kreuze seines Schicksals.

Auch die Kunst also, auch sie, die Einzig-Eine, ist nicht Erlösung dem Gekreuzigten des Zwiespaltes, auch sie Qual, Unruhe, Hast und Flucht, auch sie nicht Heimat dem Heimatlosen. Und die Leidenschaft, die ihn in die Gestaltung treibt, sie jagt ihn über die Vollendung hinaus. Auch hier wird er über die Vollendung gehetzt dem ewig Endlosen zu; mit ihren abgebrochenen Türmen, den nicht zu Ende gebauten (denn die Karamasow ebenso wie der Raskolnikow versprechen beide einen zweiten, nie geschriebenen Teil), ragen seine Romanbauten in das Gewölk der ewigen Fragen. Nennen wir sie nicht Roman mehr und werten wir sie nicht mit epischem Maß: sie sind längst nicht mehr Literatur, sondern irgendwie geheime Anfänge, prophetische Vorklänge, Präludien und Prophetien eines Mythus vom neuen Menschen. Wie alle seine erlauchten russischen Ahnen empfindet Dostojewski die Kunst nur als Brücke des Bekenntnisses vom Menschen zu Gott. Erinnern wir uns nur:

Gogol wirft nach den „Toten Seelen“ die Literatur fort und wird Mystiker, geheimnisvoller Bote des neuen Rußland, Tolstoi verflucht, ein Sechzigjähriger, die Kunst, die eigene und die fremde, und wird Evangelist der Güte und Gerechtigkeit, Gorki verzichtet auf den Ruhm und wird Verkünder der Revolution. Dostojewski hat bis zur letzten Stunde die Feder nicht gelassen, aber was er gestaltet, ist längst nicht mehr ein Kunstwerk im irdischen engen Sinne, sondern irgendein Mythus der neuen russischen Welt, eine apokalyptische Verkündung, dunkel und rätselhaft. Und eben weil dies Letzte in ihnen nur geahnt und nicht in vergängliche Form gegossen ist, sind sie Wege zur Vollendung des Menschen und der Menschheit.

Der Überschreiter der Grenzen

Daß du nicht enden kannst, das macht dich groß.
Goethe

Tradition ist steinerne Grenze von Vergangenheiten um die Gegenwart: wer ins Zukünftige will, muß sie überschreiten. Denn die Natur will kein Innehalten im Erkennen. Zwar scheint sie Ordnung zu fordern und liebt doch nur den, der sie zerstört um einer neuen Ordnung willen. Immer schafft sie sich in einzelnen Menschen durch Übermaß ihrer eigenen Kräfte jene Konquistadoren, die von den heimischen Ländern der Seele in die dunklen Ozeane des Unbekannten hinausfahren zu neuen Zonen des Herzens, neuen Sphären des Geistes. Ohne diese kühnen Überschreiter wäre die Menschheit in sich gefangen, ihre Entwicklung ein Kreisgang. Ohne diese großen Boten, in denen sie sich gleichsam selbst vorauseilt, wäre jede Generation unkund ihres Weges. Ohne diese großen Träumer wüßte die Menschheit nicht um ihren tiefsten Sinn. Nicht die ruhigen Erkenner, die Geographen der Heimat, haben die Welt weit gemacht, sondern die Desperados, die über unbekannte Ozeane zum neuen Indien fuhren: nicht die Psychologen, die Wissenschaftler, haben die moderne Seele in ihrer Tiefe erkannt, sondern die Maßlosen unter den Dichtern, die Überschreiter der Grenzen.

Von diesen großen Grenzüberschreitern der Literatur ist Dostojewski in unseren Tagen der größte gewesen, und keiner hat so viel Neuland der Seele entdeckt als dieser Ungestüme, dieser Maßlose, dem nach seinem eignen Wort "das Unermeßliche und Unendliche so notwendig war wie die Erde selbst". Nirgends hat er innegehalten, „überall habe ich die Grenze überschritten", schreibt er stolz und selbstanklagend in einem Briefe, „überall". Und unmöglich ist es fast, alle seine Taten aufzuzählen, die Wanderungen über die eisigen Grate des Gedankens, die Niederstiege zu den verborgensten Quellen des Unbewußten, die Aufstiege, die gleichsam traumwandlerischen Aufstiege zu den schwindelnden Gipfeln des Selbsterkennens. Ohne ihn, den großen Überschreiter alles Maßes, wüßte die Menschheit weniger um ihr eingeborenes Geheimnis, weiter als je blicken wir von der Höhe seines Werkes in das Zukünftige hinein.

Die erste Grenze, die Dostojewski durchstieß, die erste Ferne, die er uns auftat, war Rußland. Er hat seine Nation für die Welt entdeckt, unser europäisches Bewußtsein erweitert, als erster die Seele des Russen uns als Fragment und als ein Kostbarstes der Weltseele erkennen lassen. Vor ihm bedeutete Rußland für Europa eine Grenze: den Übergang gegen Asien, einen Fleck Landkarte, ein Stück Vergangenheit unserer eigenen barbarischen, überwundenen Kulturkindheit. Er aber zeigte als erster uns die zukünftige Kraft in dieser Öde, seit ihm fühlen wir Rußland als eine Möglichkeit neuer Religiosität, als ein kommendes Wort im großen Gedichte der Menschheit. Er hat das Herz der Welt so reicher gemacht um eine Erkenntnis und um eine Erwartung. Puschkin (der uns ja schlecht zugänglich ist, weil sein poetisches Medium in jeder Übertragung die elektrische Kraft verliert) hat uns nur die russische Aristokratie gezeigt, Tolstoi wiederum den einfachen, patriarchalischen bäurischen Menschen, die Wesen der alten, abgeteilten, abgelebten Welt. Erst er entzündet uns die Seele mit der Verkündung neuer Möglichkeiten, erst er entflammt den Genius dieser neuen Nation. Und gerade in diesem Kriege haben wir gefühlt, daß wir alles, was wir von Rußland wußten, nur durch ihn wußten und daß er es uns möglich gemacht, dieses Feindesland auch als Bruderland der Seele zu empfinden.

Aber tiefer noch und bedeutsamer als diese kulturelle Erweiterung des Weltwissens um die Idee Rußlands (denn diese hätte vielleicht schon Puschkin erreicht, wäre ihm nicht im 37. Jahre die Duellkugel durch die Brust gefahren) ist jene ungeheure Erweiterung unseres seelischen Selbstwissens, die ohne Beispiel ist in der Literatur. Dostojewski ist der Psychologe der Psychologen. Die Tiefe des menschlichen Herzens zieht ihn magisch an, das Unbewußte, das Unterbewußte, das Unergründliche ist seine wahre Welt. Seit Shakespeare haben wir nicht soviel vom Geheimnis des Gefühls und den magischen Gesetzen seiner Verschränkung gelernt, und wie Odysseus, der einzige, der vom Hades wiederkehrt, von der unterirdischen Welt, erzählt er von der Unterwelt der Seele. Denn auch er, wie Odysseus, war begleitet von einem Gotte, von einem Dämon. Seine Krankheit, ihn aufreißend zu Höhen des Gefühls, die der gemeine Sterbliche nicht erreicht, ihn niederschmetternd in Zustände der Angst und des Grauens, die schon jenseits des Lebens liegen, ließen ihn erst atmen in dieser bald frostigen, bald feurigen Atmosphäre des Unbelebten und Überlebendigen. Wie die Nachttiere in der Finsternis sehen, sieht er in den Dämmerzuständen klarer als andere am lichten Tag. Atemnah hat er dem Wahnsinn ins Gesicht geleuchtet, wie ein Mondsüchtiger ist er sicher über die Spitzen des Gefühls geschritten, von denen die Wachenden und Wissenden in Ohnmacht abstürzen. Dostojewski ist tiefer in die Unterwelt des Unbewußten gedrungen als die Ärzte, die Juristen, die Kriminalisten und Psychopathen. Alles, was die Wissenschaft erst später entdeckte und benannte, was sie in Experimenten gleichsam wie mit einem Skalpell von toter Erfahrung losschabte, alle die telepathischen, hysterischen, halluzinativen, perversen Phänomene, hat er voraus geschildert aus jener mystischen Fähigkeit des hellseherischen Mitwissens und Mitleidens. Bis an den Rand des Wahnsinns (den Exzeß des Geistes), bis an die Klippe des Verbrechens (den Exzeß des Gefühls) hat er den Phänomenen der Seele nachgespürt und unendliche Strecken seelischen Neulandes damit durchschritten. Eine alte Wissenschaft schlägt mit ihm das letzte Blatt zu in ihrem Buch, Dostojewski beginnt in der Kunst eine neue Psychologie.

Eine neue Psychologie: denn auch die Wissenschaft der Seele hat ihre Methoden, auch die Kunst, die vorerst durch die Zeiten eine unendliche Einheit scheint, ewig neue Gesetze. Auch hier gibt es Wandlungen des Wissens, Fortschritte des Erkennens durch immer neue Auflösung und Determinierung, und so wie etwa die Chemie durch Experimente die Anzahl der Urelemente, der anscheinend unteilbaren, immer mehr verringert hat und im scheinbar Einfachen noch die Zusammensetzungen erkennt, so löst die Psychologie durch immer weiter schreitende Differenzierung die Einheit des Gefühls in eine Unendlichkeit von Trieb und Widertrieb auf. Trotz aller vorausschauenden Genialität einiger einzelner Menschen ist eine Grenzlinie zwischen der alten Psychologie und der neuen nicht zu verkennen. Von Homer und weit bis nach Shakespeare gibt es eigentlich nur die Psychologie der Einlinigkeit. Der Mensch ist noch Formel, eine Eigenschaft in Fleisch und Knochen: Odysseus ist listig, Achilles mutig, Ajax zornvoll, Nestor weise … jede Entschließung, jede Tat dieser Menschen liegt klar und offen in der Schußfläche ihres Willens. Und noch Shakespeare, der Dichter an der Wende der alten und der neuen Kunst, zeichnet seine Menschen so, daß immer eine Dominante die widerstreitende Melodik ihres Wesens auffängt. Aber gerade er ist es auch, der den ersten Menschen aus dem seelischen Mittelalter in unsere neuzeitliche Welt voraussendet. In seinem Hamlet erschafft er die erste problematische Natur, den Ahnherrn des modernen differenzierten Menschen. Hier ist zum erstenmal im Sinne der neuen Psychologie der Wille durch Hemmungen gebrochen, der Spiegel der Selbstbetrachtung in die Seele selbst gestellt, der um sich selbst wissende Mensch gestaltet, der zwiefach lebt, außen und innen zugleich, im Handeln denkend, im Denken sich verwirklichend. Hier lebt der Mensch zum erstenmal sein Leben, wie wir es fühlen, fühlt, wie wir Gegenwärtigen fühlen, freilich noch aus einer Dämmerung des Bewußtseins heraus: noch ist er, der Dänenprinz, umwoben vom Requisit einer abergläubischen Welt, noch wirken Zaubertränke und Geister auf seinen beunruhigten Sinn, statt bloß Wahn und Ahnung. Aber doch, hier ist es schon vollendet, das ungeheuere psychologische Geschehnis der Verzweifachung des Gefühls. Der neue Kontinent der Seele ist entdeckt, die zukünftigen Forscher haben freie Bahn. Der romantische Mensch Byrons, Goethes, Shelleys, Child Harold und Werther, den leidenschaftlichen Widerspruch seines Wesens zur nüchternen Welt im ewigen Gegensatz empfindend, fördert durch seine Unruhe die chemische Zersetzung der Gefühle. Die exakte Wissenschaft gibt inzwischen noch manche wertvolle Einzelerkenntnis. Dann kommt Stendhal. Er weiß schon mehr als alle Früheren von der kristallinischen Bildung der Gefühle, der Vieldeutigkeit und Verwandlungsfähigkeit der Empfindungen. Er ahnt den geheimnisvollen Widerstreit der Brust um jeden einzelnen ihrer Entschlüsse. Aber die seelische Trägheit seines Genies, die spaziergängerische Lässigkeit seines Charakters vermögen noch nicht die ganze Dynamik des Unbewußten zu erhellen.

Erst Dostojewski, der große Zerstörer der Einheit, der ewige Dualist, dringt ein in das Geheimnis. Er oder keiner schafft die vollkommene Analyse des Gefühls. Bei Dostojewski ist die Einheit des Gefühls in eine Masse zerrissen, als wäre seinen Menschen eine andere Seele eingebaut wie all den früheren. Die kühnsten Seelenanalysen aller Dichter vor ihm scheinen irgendwie oberflächenhaft neben seinen Differenzierungen, sie wirken, wie etwa ein Lehrbuch der Elektrotechnik wirken mag, das dreißig Jahre alt ist, in dem eben nur die Anfangsgründe angedeutet und das Wesentliche noch nicht einmal geahnt ist. Nichts ist in seiner Seelensphäre einfaches Gefühl, unteilbares Element – alles Konglomerat, Zwischengangsform, Durchgangsform, Übergangsform. In unendlicher Verkehrung und Verwirrung taumelt und schwankt die Empfindung zur Tat, ein rasender Tausch von Wille und Wahrheit schüttelt die Gefühle durcheinander. Immer meint man, schon am letzten Grunde eines Entschlusses, eines Begehrens angelangt zu sein, und immer wieder deutet es wieder weiter zurück in ein anderes. Haß, Liebe, Wollust, Schwäche, Eitelkeit, Stolz, Herrschgier, Demut, Ehrfurcht, alle Triebe sind ineinander verschlungen in ewigen Verwandlungen. Die Seele ist eine Wirrnis, ein heiliges Chaos in Dostojewskis Werk. Es gibt bei ihm Trunkenbolde aus Sehnsucht nach Reinheit, Verbrecher aus Gier nach der Reue, Mädchenschänder aus Verehrung der Unschuld, Gotteslästerer aus religiösem Bedürfnis. Wenn seine Menschen begehren, tun sie es ebenso aus Hoffnung auf Zurückgestoßensein wie auf Erfüllung. Ihr Trotz, faltet man ihn ganz auf, ist nichts anderes als eine verborgene Scham, ihre Liebe ein verkümmerter Haß, ihr Haß eine verborgene Liebe. Gegensatz befruchtet den Gegensatz. Es gibt bei ihm Lüstlinge aus Gier nach dem Leiden und wieder Selbstquäler aus Gier nach der Lust, in rasendem Kreislauf dreht sich der Wirbel ihres Wollens. In der Begierde genießen sie schon den Genuß, im Genuß schon den Ekel, in der Tat genießen sie die Reue und in der Reue wieder, rückfühlend, die Tat. Es gibt gleichsam ein Oben und Unten, eine Vervielfachung der Empfindungen bei ihnen.

Die Taten ihrer Hände sind nicht die ihrer Herzen, die Sprache ihrer Herzen wieder nicht die ihrer Lippen, jedes einzelne Gefühl ist so Zerspaltenheit, Vielfalt und Vieldeutigkeit. Nie wird es gelingen, bei Dostojewski eine Einheit des Gefühls zu fassen, nie, einen Menschen im Netz eines Sprachbegriffes zu fangen. Man nenne Fedor Karamasow einen Wüstling: der Begriff scheint ihn zu erschöpfen, aber doch, ist nicht Swidrigailow auch einer und jener namenlose Student in den „Werdenden", und doch: welche Welt zwischen ihnen und ihren Gefühlen! Bei Swidrigailow ist die Wollust eine kalte, seelenlose Ausschweifung, er ist der berechnende Taktiker seiner Unzucht. Karamasows Wollust wieder ist Lebenslust, Ausschweifung bis zur Selbstbeschmutzung betrieben, ein tiefer Trieb, sich in das Niederste des Lebens noch einzumengen, nur weil es Leben ist, sein Unterstes, seinen Absud noch zu genießen aus einer Ekstase der Vitalität. Jener ist Wollüstling aus Mangel, der andere aus Exzeß des Gefühls, was bei diesem kranke Erregung des Geistes, ist bei jenem eine chronische Entzündung. Swidrigailow wieder ist der Mittelmensch der Wollust, der „Lasterchen" hat statt der Laster, ein kleines schmutziges Tierchen, ein Insekt der Sinne, und jener, der namenlose Student der „Werdenden“ wiederum, ist Perversion geistiger Bosheit ins Sexuelle. Man sieht, Welten des Gefühls stehen zwischen diesen Menschen, die sonst ein einziger Begriff zusammenfaßt, und so wie hier die Wollust differenziert ist und aufgelöst in ihre geheimnisvollen Verwurzlungen und Komponenten, so ist bei Dostojewski jedes Gefühl, jeder Trieb immer zurückgeführt in die letzte Tiefe, in den Ursprung aller Kraftströmung, in jenen letzten Gegensatz zwischen Ich und Welt, Behauptung und Hingabe, Stolz und Demut, Verschwendung und Sparsamkeit, Vereinzelung und Gemeinschaft, zentripetale und zentrifugale Kraft, Selbststeigerung oder Selbstvernichtung, Ich oder Gott. Man mag die Gegensatzpaare nennen, wie es der Augenblick fordert, immer sind es letzte, sind es Urgefühle jener Welt zwischen Geist und Fleisch. Nie haben wir vor ihm von dieser wimmelnden Vielfalt des Gefühls, von unserer seelischen Gemengtheit so viel gewußt.

Am überraschendsten aber wird diese Auflösung des Gefühls bei Dostojewski in der Liebe. Es ist die Tat seiner Taten, daß er den Roman, ja die ganze Literatur, die seit Hunderten von Jahren, seit der Antike, immer nur in diesem Zentralgefühl zwischen Mann und Weib, als in den Urquell alles Seins, gemündet hatte, noch tiefer hinab, noch höher hinauf, in letzte Erkenntnisse geführt hat. Liebe, anderen Dichtern der Endzweck des Lebens, das Erzählungsziel des Kunstwerkes, ihm ist sie nicht Urelement, sondern nur Stufe des Lebens. Für die anderen dröhnt die glorreiche Sekunde der Versöhnung, der Ausgleich aller Widerstreite im Augenblicke, da Seele und Sinne, Geschlecht und Geschlecht sich restlos in himmlische Gefühle lösen. Im letzten Grunde ist bei ihnen, den anderen Dichtern, der Lebenskonflikt lächerlich primitiv im Vergleich zu Dostojewski. Liebe rührt den Menschen an, ein Zauberstab aus göttlicher Wolke, Geheimnis, die große Magie, unerklärlich, unerläuterbar, letztes Mysterium des Lebens. Und der Liebende liebt: er ist glücklich, erlangt er die Begehrte, er ist unglücklich, erlangt er sie nicht. Wiedergeliebt sein ist der Himmel der Menschheit bei allen Dichtern. Aber Dostojewskis Himmel sind höher. Umarmung ist bei ihm noch nicht Vereinigung, Harmonie noch nicht die Einheit. Für ihn ist Liebe nicht ein Glückszustand, ein Ausgleich, sondern erhobener Streit, intensiveres Schmerzen der ewigen Wunde und darum ein Leidensdokument, ein stärkeres Am-Leben-Leiden als in den gemeinen Augenblicken. Wenn Dostojewskis Menschen einander lieben, so ruhen sie nicht. Im Gegenteil, nie sind seine Menschen mehr durchschüttelt von allem Widerstreit ihres Wesens als im Augenblick, da Liebe sich von Liebe erwidert fühlt, denn sie lassen sich nicht versinken in ihrem Überschwang, sondern suchen ihn zu übersteigern. Sie machen, echte Kinder seiner Entzweiung, nicht halt in dieser letzten Sekunde. Sie verachten die sanfte Gleichung des Augenblicks (den alle anderen als den schönsten ersehnen), daß Geliebter und Geliebte sich gleich stark lieben und geliebt werden, weil dies Harmonie wäre, ein Ende, eine Grenze, und sie leben nur für das Grenzenlose. Dostojewskis Menschen wollen nicht ebenso lieben wie sie geliebt werden: sie wollen immer nur lieben und wollen das Opfer sein, derjenige, der mehr gibt, derjenige, der weniger empfängt, und sie steigern einander in wahnsinnigen Lizitationen des Gefühls, bis es gleichsam ein Keuchen, ein Stöhnen, ein Kampf, eine Qual wird, was als sanftes Spiel begann. In rasender Verwandlung sind sie dann glücklich, wenn sie zurückgestoßen, wenn sie verhöhnt, wenn sie verachtet werden, denn dann sind sie es ja, die geben, unendlich geben und nichts dafür verlangen, und darum ist bei ihm, dem Meister der Gegensätze, der Haß immer so ähnlich der Liebe und die Liebe immer so ähnlich dem Haß. Aber auch in den kurzen Intervallen, da sie einander gleichsam konzentriert lieben, ist die Einheit des Gefühls noch einmal gesprengt, denn nie können Dostojewskis Menschen gleichzeitig mit den geschlossenen Kräften ihrer Sinne und Seele einander lieben. Sie lieben mit der einen oder mit der anderen, nie ist Fleisch und Geist bei ihnen in Harmonie.

Man sehe nur auf seine Frauen: alle sind sie Kundrys, gleichzeitig in zwei Welten des Gefühls lebend, mit ihrer Seele dem heiligen Gral dienend und gleichzeitig wollüstig ihren Leib verbrennend in den Blumenhainen Titurels. Das Phänomen der Doppelliebe, eines der kompliziertesten bei anderen Dichtern, ist ein alltägliches, ein selbstverständliches bei Dostojewski. Nastassja Philipowna liebt in ihrem spirituellen Wesen Myschkin, den sanften Engel, und liebt gleichzeitig mit geschlechtlicher Leidenschaft Rogoschin, seinen Feind. Vor der Kirchentür reißt sie sich von dem Fürsten los in das Bett des anderen, vom Gelage des Trunkenen stürzt sie zurück zu ihrem Heiland. Ihr Geist steht gleichsam oben und sieht erschreckt zu, was unten ihr Körper treibt, ihr Körper schläft gleichsam im hypnotischen Schlaf, während ihre Seele sich in Ekstase dem anderen zuwendet. Und ebenso Gruschenka, sie liebt gleichzeitig und haßt ihren ersten Verführer, liebt in Leidenschaft ihren Dimitri und mit ihrer Verehrung schon ganz unkörperlich Aljoscha. Die Mutter des „Jünglings" liebt aus Dankbarkeit ihren ersten Mann und gleichzeitig aus Sklaverei, aus übersteigerter Demut Wersilow. Unendlich, unermeßlich sind die Verwandlungen des Begriffes, den die anderen Psychologen unter dem Namen „Liebe" leichtfertig zusammenfaßten, so wie Ärzte vergangener Zeiten ganze Gruppen von Krankheiten in einen Namen drängten, für die wir heute hundert Namen und hundert Methoden haben. Liebe kann bei Dostojewski verwandelter Haß sein (Alexandra), Mitleid (Dunia), Trotz (Rogoschin), Sinnlichkeit (Fedor Karamasow), Selbstvergewaltigung, immer aber steht hinter der Liebe noch ein anderes Gefühl, ein Urgefühl. Nie ist Liebe bei ihm elementar, unteilbar, unerklärbar, Urphänomen, Wunder: immer erklärt, zerlegt er das leidenschaftlichste Gefühl. O unendlich, unendlich diese Verwandlungen, und jede einzelne wieder in allen Farben schillernd, von Kälte zu Frost erstarrend und wieder erglühend, unendlich und undurchdringlich wie die Vielfalt des Lebens. Ich will nur erinnern an Katerina Iwanowna. Sie sieht Dimitri auf einem Ball, er läßt sich ihr vorstellen, er beleidigt sie, und sie haßt ihn. Er nimmt Rache, er erniedrigt sie – und sie liebt ihn, oder eigentlich sie liebt nicht ihn, sondern die Erniedrigung, die er ihr zugefügt. Sie opfert sich ihm auf und meint ihn zu lieben, aber sie liebt nur ihre eigene Aufopferung, liebt ihre eigene Pose der Liebe, und je mehr sie ihn so zu lieben scheint, um so mehr haßt sie ihn wieder. Und dieser Haß fährt los auf sein Leben und zerstört es und in dem Augenblick, wo sie es zerstört hat, wo gleichsam ihre Aufopferung sich als Lüge offenbart, ihre Erniedrigung gerächt ist – hebt sie ihn wieder! So kompliziert ist bei Dostojewski ein Liebesverhältnis. Wie es vergleichen mit den Büchern, die schon bei der letzten Seite sind, wenn die beiden einander lieben und durch alle Fährnisse des Lebens sich gefunden haben? Wo die anderen enden, beginnen erst die Tragödien Dostojewskis, denn er will nicht Liebe, nicht laue Aussöhnung der Geschlechter als Sinn und Triumph der Welt. Er knüpft wieder an die große Tradition der Antike an, wo nicht, ein Weib zu erringen, sondern die Welt und alle Götter zu bestehen, Sinn und Größe eines Schicksals war. Bei ihm hebt sich der Mensch wieder auf, nicht mit dem Blick zu den Frauen, sondern mit der offenen Stirne zu seinem Gott. Seine Tragödie ist größer als die von Geschlecht zu Geschlecht und vom Mann zum Weib.

Hat man nun Dostojewski in dieser Tiefe der Erkenntnis, in dieser restlosen Auflösung der Empfindung erkannt, so weiß man: es gibt von ihm keinen Weg wieder zurück ins Vergangene. Will eine Kunst wahrhaft sein, so darf sie von nun an nicht die kleinen Heiligenbilder des Gefühls aufstellen, die er zerschlagen, nie mehr den Roman in die kleinen Kreise der Gesellschaft und Gefühle sperren, nie mehr das geheimnisvolle Zwischenreich der Seele verschatten wollen, das er durchleuchtet. Als erster hat er uns die Ahnung des Menschen gegeben, die wir als erste selbst sind, im Gegensatz zu der Vergangenheit, differenzierter im Gefühl, weil beladener mit mehr Erkenntnis als alle früheren. Niemand kann ermessen, um wie viel wir in den fünfzig Jahren seit seinen Büchern den Dostojewskischen Menschen schon ähnlicher geworden sind, wie viele Prophezeiungen sich schon in unserem Blute, in unserem Geiste von seiner Ahnung erfüllen. Das Neuland, das er als erster beschritten, ist vielleicht schon unser Land, die Grenzen, die er überwunden, unsere sichere Heimat.

Unendliches aus unserer letzten Wahrheit, die wir jetzt erleben, hat er uns prophetisch aufgetan. Er hat der Tiefe des Menschen ein neues Maß gegeben: nie hat ein Sterblicher vor ihm so viel vom unsterblichen Geheimnis der Seele gewußt. Aber wunderbar: so sehr er unser Wissen um uns selbst erweitert, nie verlernen wir an seiner Erkenntnis das hohe Gefühl, demütig zu sein und das Leben als etwas Dämonisches zu empfinden. Daß wir bewußter wurden durch ihn, hat uns nicht freier gemacht, sondern nur gebundener. Denn so wenig die modernen Menschen den Blitz, seit sie ihn als elektrisches Phänomen, als Spannung und Entladung der Atmosphäre erkennen und benennen, als minder gewaltig empfinden wie die vorherigen Geschlechter, so wenig kann unsere erhöhte Erkenntnis des seelischen Mechanismus im Menschen die Ehrfurcht vor der Menschheit vermindern. Gerade Dostojewski, der alle Einzelheiten der Seele uns wissend zeigte, dieser große Zerleger, dieser Anatom des Gefühles, gibt gleichzeitig tieferes, universaleres Weltgefühl als alle Dichter unserer Zeit. Und der so tief den Menschen gekannt wie keiner vor ihm, hat wie keiner Ehrfürchtigkeit vor dem Unbegreiflichen, das ihn gestaltet: vor dem Göttlichen, vor Gott.

Die Gottesqual

Gott hat mich mein ganzes Leben lang gequält.
Dostojewski

„Gibt es einen Gott oder nicht?“ fährt Iwan Karamasow in jenem furchtbaren Zwiegespräch seinen Doppelgänger, den Teufel, an. Der Versucher lächelt. Er hat keine Eile zu antworten, die schwerste Frage einem gemarterten Menschen abzunehmen. „Mit grimmiger Hartnäckigkeit“ dringt Iwan nun in seiner Gottesraserei auf den Satan ein: er soll, er muß ihm Antwort stehen in dieser wichtigsten Frage der Existenz. Aber der Teufel schürt nur den Rost der Ungeduld. „Ich weiß es nicht“, antwortet er dem Verzweifelten. Nur um den

Menschen zu quälen, läßt er ihm die Frage nach Gott unbeantwortet, läßt er ihm die Gottesqual.

Alle Menschen Dostojewskis und nicht als Letzter er selbst haben diesen Satan in sich, der die Gottesfrage stellt und nicht beantwortet. Allen ist jenes „höhere Herz" gegeben, das fähig ist, sich mit diesen qualvollen Fragen zu quälen. „Glauben Sie an Gott", herrscht Stawrogin, ein anderer, Mensch gewordener Teufel, plötzlich den demütigen Schatow an. Wie einen Brandstahl stößt er ihm die Frage mörderisch ins Herz. Schatow taumelt zurück. Er zittert, er wird bleich, denn gerade die Aufrichtigsten bei Dostojewski zittern vor diesem letzten Bekenntnis (und er, wie hat er selbst davor gebebt in heiligen Ängsten). Und erst wie ihn Stawrogin mehr und mehr bedrängt, stammelt er aus blassen Lippen die Ausflucht: „Ich glaube an Rußland." Und nur um Rußlands willen bekennt er sich zu Gott.

Dieser verborgene Gott ist das Problem aller Werke Dostojewskis, der Gott in uns, der Gott außer uns und seine Erweckung. Als echtem Russen, dem größten und wesenhaftesten, den dies Millionenvolk gebildet, ist ihm nach seiner eigenen Definition diese Frage um Gott und die Unsterblichkeit die „wichtigste des Lebens". Keiner seiner Menschen kann der Frage entweichen: sie ist ihm angewachsen als Schatten seiner Tat, bald ihnen vorauslaufend, bald ihnen als Reue im Rücken. Sie können ihr nicht entfliehen, und der einzige, der versucht, sie zu verneinen, dieser ungeheure Märtyrer des Gedankens, Kirillow, in den „Dämonen", muß sich selbst töten, um Gott zu töten – und beweist damit, leidenschaftlicher als die anderen, seine Existenz und Unentrinnbarkeit. Man blicke doch auf seine Gespräche, wie die Menschen vermeiden wollen, von Ihm zu sprechen, wie sie Ihm ausweichen und ausbiegen: sie möchten immer gern unten bleiben im niedern Gespräch, im „small talk" des englischen Romans, sie reden von der Leibeigenschaft, von Frauen, von der Sixtinischen Madonna, von Europa, aber die unendliche Schwerkraft der Gottesfrage hängt sich an jedes Thema und zieht es schließlich magisch in seine Unergründlichkeit. Jede Diskussion bei Dostojewski endet beim russischen Gedanken oder beim Gottesgedanken – und wir sehen, daß diese beiden Ideen für ihn eine Identität sind. Russische Menschen, seine Menschen, können sie, so wie in ihren Gefühlen, auch in ihren Gedanken nicht haltmachen, sie müssen unvermeidlich vom Praktischen und Tatsächlichen in das Abstrakte, vom Endlichen ins Unendliche, immer ans Ende. Und aller Fragen Ende ist die Gottesfrage. Sie ist der innere Wirbel, der ihre Ideen rettungslos in sich reißt, der schwärende Splitter in ihrem Fleische, der ihre Seelen mit Fieber erfüllt.

Mit Fieber. Denn Gott – Dostojewskis Gott – ist das Prinzip aller Unruhe, weil er, Urvater der Kontraste, zugleich das Ja und das Nein ist. Nicht wie auf den Bildern der alten Meister, in den Schriften der Mystiker ist er die sanfte Schwebe über den Wolken, selig-beschauliches Erhobensein – Dostojewskis Gott ist der springende Funke zwischen den elektrischen Polen der Urkontraste, er ist kein Wesen, sondern ein Zustand, ein Spannungszustand. Er ist, wie seine Menschen, wie der Mensch, der ihn schuf, ein ungenügsamer Gott, den keine Anstrengung bewältigt, kein Gedanke erschöpft, keine Hingabe befriedigt. Er ist der ewig Unerreichbare, ist aller Qualen Qual, und mitten aus Dostojewskis Brust bricht darum Kirillows Schrei: „Gott hat mich mein ganzes Leben lang gequält."

Das ist Dostojewskis Geheimnis: er braucht Gott und findet ihn doch nicht. Manchmal meint er ihm schon zu gehören, und schon umfaßt ihn seine Ekstase, da klirrt sein Verneinungsbedürfnis ihn wieder zur Erde. Keiner hat das Gottesbedürfnis stärker erkannt. „Gott ist mir deshalb notwendig", sagt er einmal, „weil er das einzige Wesen ist, das man immer lieben kann", und ein anderes Mal: „Es gibt keine unaufhörlichere und quälendere Angst für den Menschen, als etwas zu finden, vor dem er sich beugen kann." Sechzig Jahre leidet er an dieser Gottesqual und liebt Gott wie jedes seiner Leiden, liebt ihn mehr als alles, weil er das ewigste aller Leiden ist und Leidensliebe den tiefsten Gedanken seines Seins bedeutet. Sechzig Jahre kämpft er sich zu ihm und lechzt „wie trockenes Gras" nach dem Glauben. Das ewig Zersprengte will eine Einheit, der ewig Gejagte eine Rast, der ewig Getriebene durch alle Stromschnellen der Leidenschaft, der sich Zerströmende den Ausgang, die Ruhe, das Meer. So träumt er ihn als Beruhigung und findet ihn doch nur als Feuer. Er möchte selbst ganz klein werden, ganz wie die Dumpfen im Geiste, um in ihn eingehen zu können, möchte glauben können im Köhlerglauben, wie die „zehn Pud dicke Kaufmannsfrau", möchte es aufgeben, der Wissendste, der Bewußte zu sein, um der Gläubige zu werden, wie Verlaine fleht er: „Donnez-moi de la simplicité." Das Gehirn verbrennen im Gefühl, hinströmen in die Gottesruhe, tierhaft dumpf, das ist sein Traum. O wie streckt er sich ihm entgegen, er tobt brünstig, er schreit, er wirft die Harpunen der Logik aus, ihn zu fassen, legt ihm die verwegensten Fuchsfallen der Beweise; wie ein Pfeil schießt seine Leidenschaft auf, ihn zu treffen, ein Lechzen nach Gott ist seine Liebe, eine „fast unanständige Leidenschaft", ein Paroxysmus, ein Überschwang.

Ist er aber darum schon gläubig, weil er so fanatisch glauben will? War Dostojewski, der beredteste Anwalt der Rechtgläubigkeit, der Pravoslavie, selbst ein Bekenner, ein poeta Christianissimus? Sicherlich in Sekunden: da zuckt sein Spasma ins Unendliche hinein, da krampft er sich ein in Gott, da hält er die Harmonie, die irdisch versagte, in Händen, da ist er, der Gekreuzigte seines Zwiespaltes, auferstanden in den alleinigen Himmeln. Aber doch: irgend etwas bleibt auch dann noch wach in ihm und schmilzt nicht hin im Seelenbrand. Während er schon ganz aufgelöst scheint, ganz überirdische Trunkenheit, bleibt jener grausame Geist der Analyse mißtrauisch auf der Lauer und mißt das Meer aus, in das er versinken will. Auch im Gottesproblem klafft der unheilbare Zwiespalt, der in jedem von uns eingeboren ist, aber den kein Irdischer bisher zu solcher Spannweite des Abgrunds aufgerissen wie Dostojewski. Er ist der Gläubigste aller und der äußerste Atheist in einer Seele, er hat in seinen Menschen die polarsten Möglichkeiten beider Formen gleich überzeugend dargestellt (ohne sich selbst zu überzeugen, ohne sich selbst zu entscheiden), die Demut, sich hinzugeben, sich, ein Staubkorn, aufzulösen in Gott, und andererseits das grandioseste Extrem, selber Gott zu werden: „Erkennen, daß ein Gott ist, und gleichzeitig erkennen, daß man nicht zum Gott geworden ist, wäre ein Unsinn, durch den man zum Selbstmord getrieben wird." Und sein Herz ist bei beiden, beim Gottesknecht und beim Gottesleugner, bei Aljoscha und bei Iwan Karamasow. Er entscheidet sich nicht in dem unablässigen Konzil seiner Werke, bleibt bei den Bekennern und den Häretikern. Seine Gläubigkeit ist feuriger Wechselstrom zwischen dem Ja und Nein, den beiden Polen der Welt. Auch vor Gott bleibt Dostojewski der große Ausgestoßene der Einheit.

So bleibt er Sisyphus, der ewige Wälzer des Steins zur Höhe der Erkenntnis, der er immer wieder entrollt. Der ewig Bemühte zu Gott, den er nie erreicht. Aber irre ich denn nicht: ist Dostojewski nicht den Menschen der große Prediger des Glaubens? Geht nicht durch seine Werke der große orgelnde Hymnus an Gott? Bezeugen nicht alle seine politischen, seine literarischen Schriften einhellig, diktatorisch, unzweifelhaft seine Notwendigkeit, seine Existenz, dekretieren sie denn nicht die Rechtgläubigkeit, verwerfen sie nicht den Atheismus als das äußerste Verbrechen? Aber man verwechsle hier nicht Wille mit Wahrheit, nicht den Glauben mit dem Postulat des Glaubens. Dostojewski, der Dichter der ewigen Umkehrung, dieser fleischgewordene Kontrast, predigt den Glauben als Notwendigkeit, predigt ihn um so inbrünstiger den anderen als – er selbst nicht glaubt (im Sinne eines ständigen, sicheren, ruhenden, vertrauenden Glaubens, der „geklärte Begeisterung" als höchste Pflicht formuliert). Von Sibirien schreibt er an eine Frau: „Ich will Ihnen von mir sagen, daß ich ein Kind dieser Zeit bin, ein Kind des Unglaubens und des Zweifels, und es ist wahrscheinlich, ja, ich weiß es bestimmt, daß ich es bis an mein

Lebensende bleiben werde. Wie entsetzlich quälte mich und quält mich auch jetzt die Sehnsucht nach dem Glauben, die um so stärker ist, je mehr ich Gegenbeweise habe." Nie hat er es klarer gesagt: er hat Sehnsucht nach dem Glauben aus Glaubenslosigkeit. Und hier ist eine jener erhabenen Umwertungen Dostojewskis: eben weil er *nicht* glaubt und die Qual dieses Unglaubens kennt, weil, nach seinem eigenen Worte, er die Qual immer nur für sich liebt und Mitleid hat mit den andern – darum predigt er den andern den Glauben an Gott, den er selbst nicht glaubt. Der Gottgequälte will eine gottselige Menschheit, der schmerzlich Glaubenslose die glücklich Gläubigen. An das Kreuz seines Unglaubens genagelt, predigt er dem Volke die Orthodoxie, er vergewaltigt seine Erkenntnis, weil er weiß, daß sie zerreißt und verbrennt, und predigt die Lüge, die Glück gibt, den strikten, textlichen Bauernglauben. Er, der „kein Senfkorn Glauben hat", der gegen Gott revoltierte und, wie er selbst stolz sagte, „den Atheismus mit ähnlicher Kraft ausgedrückt hat, wie niemand in Europa", er verlangt die Unterwürfigkeit unter das Popentum. Um die Menschen vor der Gottesqual zu behüten, die er wie keiner im eigenen Fleische erlebt, verkündet er die Gottesliebe. Denn er weiß: „Das Schwanken, die Unruhe des Glaubens – das ist für einen gewissenhaften Menschen eine solche Qual, daß es besser ist, sich zu erhängen." Er selbst ist ihr nicht ausgewichen, als Märtyrer hat er den Zweifel auf sich genommen, aber der Menschheit, der unendlich geliebten, will er ihn ersparen. So schafft er, statt hochmütig die Wahrheit seines Wissens zu verkünden, die demütige Lüge eines Glaubens. Er verschiebt das religiöse Problem ins Nationale, dem er den Fanatismus des göttlichen gibt. Und wie sein getreuester Knecht antwortet er auf die Frage: „Glauben Sie an Gott?" in der aufrichtigsten Konfession seines Lebens: „Ich glaube an Rußland."

Denn das ist seine Flucht, seine Ausflucht, seine Rettung: Rußland. Hier ist sein Wort nicht mehr Zwiespalt, hier wird es Dogma. Gott hat ihm geschwiegen: so schafft er sich als Mittler zwischen sich und dem Gewissen selbst einen Christus, den neuen Verkünder einer neuen Menschheit, den russischen Christus. Aus der Wirklichkeit, aus der Zeit stürzt er sein ungeheures Glaubensbedürfnis einem Unbestimmten entgegen – denn nur einem Unbestimmten, einem Grenzenlosen kann dieser Maßlose sich ganz hingeben – in die ungeheuere Idee Rußland, in dieses Wort, das er anfüllt mit allem Unmaß seiner Gläubigkeit. Ein anderer Johannes, verkündigt er diesen neuen Christus, ohne ihn geschaut zu haben. Aber er spricht in seinem Namen, in Rußlands Namen für die Welt.

Diese seine messianischen Schriften – es sind die politischen Aufsätze und manche Ausbrüche der Karamasow – sind dunkel. Verworren enttaucht ihnen dieses neue Christusantlitz, der neue Erlösungs- und Allversöhnungsgedanke, ein byzantinisches Antlitz mit harten Zügen, strengen Falten. Wie von den alten rauchgeschwärzten Ikonen starren fremde stechende Augen uns an, Inbrunst, unendliche Inbrunst in sich, aber auch Haß und Härte. Und furchtbar ist Dostojewski selbst, wenn er diese russische Erlösungsbotschaft uns Europäern wie verlorenen Heiden kündet. Ein böser, fanatischer, mittelalterlicher Mönch, das byzantinische Kreuz wie eine Geißel in der Hand, so steht der Politiker, der religiöse Fanatiker uns gegenüber. Wie ein Delirant, ein Heimgesuchter in mystischen Krämpfen, nicht in sanfter Predigt kündet er seine Lehre, in dämonischen Zornausbrüchen entlädt sich seine maßlose Leidenschaft. Mit Keulen schlägt er jeden Einwand nieder, ein Fiebernder, gegürtet mit Hochmut, funkelnd von Haß, stürmt er die Tribüne der Zeit. Schaum steht vor seinem Munde, und mit zitternden Händen schleudert er den Exorzismus über unsere Welt.

Ein Bilderstürmer, ein rasender Ikonokiast, fällt er her über die Heiligtümer der europäischen Kultur. Alles stampft er nieder, der große Tobsüchtige, von unseren Idealen, um seinem neuen, dem russischen Christus den Weg zu bereiten. Bis zum Irrwitz schäumt seine moskowitische Unduldsamkeit. Europa, was ist es? Ein Kirchhof, mit teuern Gräbern vielleicht, aber jetzt stinkend von Fäulnis, nicht einmal Dünger mehr für die neue Saat. Die blüht einzig aus russischer Erde. Die Franzosen – eitle Laffen, die Deutschen – ein niedriges Wurstmachervolk, die Engländer – Krämer der Vernünftelei, die Juden – stinkender Hochmut. Der Katholizismus – eine Teufelslehre, eine Verhöhnung Christi, der Protestantismus – ein vernünftlerischer Staatsglaube, alles Hohnbilder des einzig wahren Gottesglaubens: der russischen Kirche. Der Papst – der Satan in der Tiara, unsere Städte – Babylon, die große Hure der Apokalypse, unsere Wissenschaft – ein eitles Blendwerk, Demokratie – die dünne Brühe weicher Gehirne, Revolution – ein loses Bubenstück von Narren und Genarrten, Pazifismus – ein Altweibergeschwätz. Alle Ideen Europas ein verblühter, verwelkter Blumenstrauß, gut genug, in die Jauche geschmissen zu werden. Nur die russische Idee ist die einzig wahre, einzig große, einzig richtige. Im Amoklauf stürmt der rasende Übertreiber weiter, jeden Einwand mit dem Dolche niederstoßend: „Wir verstehen euch, aber ihr versteht nicht uns" – schon bricht jede Diskussion blutend zusammen. „Wir Russen sind die Allverstehenden, ihr seid die Begrenzten", dekretiert er. Rußland allein ist richtig und alles in Rußland, der Zar und die Knute, der Pope und der Bauer, die Troika und die Ikone, und um so richtiger, je mehr es antieuropäisch, asiatisch, mongolisch, tatarisch, um so richtiger, als es konservativ, rückständig, unfortschrittlich, ungeistig, byzantinisch ist. O wie tobt er sich hier aus, der große Übertreiber! „Seien wir Asiaten, seien wir Sarmaten", jauchzt er auf. „Weg von Petersburg, dem europäischen, zurück zu Moskau, hinüber nach Sibirien, das neue Rußland ist das Dritte Reich." Diskussion darüber duldet dieser gotttrunkene mittelalterliche Mönch nicht. Nieder die Vernunft! Rußland ist das Dogma, das widerspruchslos zu bekennen ist. „Man versteht Rußland nicht mit der Vernunft, sondern mit dem Glauben." Wer ihm nicht in die Knie stürzt, ist der Feind, der Antichrist: Kreuzzug wider ihn! Hell schmettert er in die Fanfare des Krieges. Zerstampft muß Österreich werden, der Halbmond von der Hagia Sofia Konstantinopels gerissen, Deutschland gedemütigt, England besiegt – ein wahnwitziger Imperialismus hüllt seinen Hochmut in mönchische Kutte und ruft: „Dieu le veut." Um des Gottesreiches willen die ganze Welt für Rußland.

Rußland also ist Christus, der neue Erlöser, und wir sind die Heiden. Nichts errettet uns Verworfene aus dem Fegefeuer unserer Schuld: wir haben die Erbsünde begangen, keine Russen zu sein. Unserer Welt ist kein Raum in diesem neuen Dritten Reich: erst muß unsere europäische Welt untergehen im russischen Weltreiche, im neuen Gottesreiche, dann erst kann sie erlöst werden. Wörtlich sagt er: „Jeder Mensch muß vorerst Russe werden." Dann erst beginnt die neue Welt. Rußland ist das Gottträgervolk: erst muß es noch mit dem Schwerte die Erde erobern, dann erst wird es sein „letztes Wort" der Menschheit sagen. Und dieses letzte Wort heißt für Dostojewski: Versöhnung. Für ihn besteht das russische Genie in der Fähigkeit, alles zu verstehen, alle Gegensätze zu lösen. Der Russe ist der Allversteher und darum der Nachgiebige im höchsten Sinn. Und sein Staat, der Zukunftsstaat, wird die Kirche sein, die Form der brüderlichen Gemeinschaft, der Durchdringung statt der Unterordnung. Und es klingt wie ein Prolog zu den Ereignissen dieses Krieges (der in seinem Anbeginn so genährt war von seinen Ideen, wie in seinem Ende von jenen Tolstois), wenn er sagt: „Wir werden die ersten sein, die der Welt verkünden, daß wir nicht durch Unterdrückung der Persönlichkeit und fremder Nationalitäten das eigene Gedeihen erreichen wollen, sondern im Gegenteil letzteres nur in der freiesten und selbständigsten Entwicklung aller Nationen und in der brüderlichen Vereinigung suchen." Über die Berge des Ural wird das ewige Licht aufsteigen und das schlichte Volk, nicht der wissende Geist, nicht die europäische Kultur, mit seinen dunklen Geheimnissen der

Erde verbundenen Kräften unsere Welt erlösen. Statt der Macht wird die werktätige Liebe sein, statt des Widerstreits der Persönlichkeiten das allmenschliche Gefühl, der neue, der russische Christus wird die Allversöhnung bringen, die Auflösung der Gegensätze. Und der Tiger wird neben dem Lamme weiden und der Rehbock neben dem Löwen – wie zittert Dostojewskis Stimme, wenn er vom Dritten Reich spricht, vom Allrußland der Erde, wie bebt er selbst in der Ekstase der Gläubigkeit, wie wunderbar ist er, der Wissendste aller Wirklichkeiten, in seinem messianischen Traum.

Denn in das Wort Rußland, in die Idee Rußland hinein träumt Dostojewski diesen Christustraum, die Idee der Versöhnung der Gegensätze, die er in seinem Leben, in der Kunst und selbst in Gott durch sechzig Jahre vergeblich gesucht. Aber dieses Rußland, welches ist es, das reale oder das mystische, das politische oder das prophetische? Wie immer bei Dostojewski: beides zugleich. Vergeblich, von einem Leidenschaftlichen Logik zu verlangen und von einem Dogma seine Begründung. In den messianischen Schriften Dostojewskis, den politischen, den literarischen Werken, taumeln die Begriffe wie rasend durcheinander. Bald ist Rußland Christus, bald Gott, bald das Reich Peters des Großen, bald das neue Rom, die Vereinigung des Geistes und der Macht, Tiara und Kaiserkrone, seine Hauptstadt bald Moskau, bald Konstantinopel, bald das neue Jerusalem. Die demütigsten allmenschlichsten Ideale wechseln brüsk mit machtgierigen slawophilen Eroberungsgelüsten, politische Horoskope von verblüffender Treffsicherheit mit phantastischen apokalyptischen Verheißungen. Bald jagt er den Begriff Rußland in die Enge der politischen Stunde, bald schnellt er ihn in das Grenzenlose empor – auch hier wie im Kunstwerk die gleiche zischende Mischung von Wasser und Feuer, von Realismus und Phantastik offenbarend. Der Dämonische in ihm, der rasende Übertreiber, in ein Maß gezwungen sonst in seinen Romanen, hier lebt er sich aus in pythischen Krämpfen: mit der ganzen Inbrunst seiner glühenden Leidenschaft predigt er Rußland als das Heil der Welt, die alleinmachende Seligkeit. Nie ward eine Nationalidee hochmütiger, genialer, werbender, verführender, berauschender, ekstatischer Europa als Weltidee verkündet, als die russische in den Büchern Dostojewskis.

Ein unorganischer Auswuchs der großen Gestalt scheint dieser Fanatiker seiner Rasse zuerst, dieser mitleidlose ekstatische russische Mönch, dieser hochmütige Pamphletist, dieser unwahrhaftige Bekenner. Aber gerade er ist notwendig für die Einheit von Dostojewskis Persönlichkeit. Wo immer wir bei Dostojewski ein Phänomen nicht verstehen, müssen wir seine Notwendigkeit im Kontrast suchen. Vergessen wir nicht: Dostojewski ist immer ein Ja und

Nein, die Selbstvernichtung und Selbstüberhebung, der zur Spitze getriebene Kontrast. Und dieser übertriebene Hochmut ist nur das Widerspiel einer übertriebenen Demut, sein gesteigertes Volksbewußtsein nur das polare Empfinden seines überreizten persönlichen Nichtigkeitsempfindens. Er spaltet sich gleichsam selbst in zwei Hälften: in Stolz und in Demut. Seine Persönlichkeit erniedrigt er: man durchsuche die zwanzig Bände seines Werkes nach einem einzigen Worte der Eitelkeit, des Stolzes, der Überhebung! Nur Selbstverkleinerung findet man darin, Ekel, Anklage, Erniedrigung. Und alles, was er an Stolz besitzt, gießt er aus in die Rasse, in die Idee seines Volkes. Alles, was seiner isolierten Persönlichkeit gilt, vernichtet er, alles, was dem Unpersönlichen in ihm, dem Russen, dem Allmenschen gilt, erhebt er zur Vergötterung. Aus dem Unglauben an Gott wird er Gottesprediger, aus dem Unglauben an sich der Verkünder seiner Nation und der Menschheit. Auch im Ideellen ist er der Märtyrer, der sich selbst an das Kreuz schlägt, um die Idee zu erlösen. „Möge ich selbst untergehen, wenn nur die andern glücklich sind“ – das Wort seines Staretz verwandelt er in Geist. Er vernichtet sich, um in dem zukünftigen Menschen aufzuerstehen.

Das Ideal Dostojewskis ist darum: zu sein, wie er nicht ist. Zu fühlen, wie er nicht fühlt. Zu denken, wie er nicht denkt. Zu leben, wie er nicht lebt. Bis in das Kleinste, Zug um Zug, ist der neue Mensch seiner individuellen Form entgegengesetzt, aus jedem Schatten seines eigenen Wesens ein Licht gebildet, aus jedem Dunkel ein Glanz. Aus dem Nein zu sich selbst schafft er das Ja, das leidenschaftliche zur neuen Menschheit. Bis ins Körperliche hinein setzt sich diese beispiellose moralische Verurteilung seines Selbst zugunsten des zukünftigen Wesens fort, die Vernichtung des Ichmenschen um des Allmenschen willen. Man nehme sein Bild, seine Photographie, seine Totenmaske und lege sie neben die Bilder jener Menschen, in denen er sein Ideal geformt: neben Aljoscha Karamasow, neben den Staretz Sossima, den Fürsten Myschkin, diese drei Skizzen zum russischen Christus, zum Heiland, die er entworfen. Und bis ins Kleinste wird hier jede Linie Gegensatz sagen und Kontrast zu ihm selbst. Dostojewskis Gesicht ist düster, erfüllt von Geheimnissen und Dunkelheit, jener Antlitz ist heiter und von friedlicher Offenheit, seine Stimme heiser und abrupt, die jener Menschen sanft und leise. Sein Haar ist wirr und dunkel, seine Augen tief und unruhig – jener Antlitz ist hell und umrahmt von sanften Strähnen, ihr Auge glänzt ohne Unruhe und Angst. Ausdrücklich sagt er von ihnen, daß sie geradeaus schauen und ihr Blick das süße Lächeln von Kindern hat. Seine Lippen sind schmal umkräuselt von den raschen Falten des Hohnes und der Leidenschaft, sie verstehen nicht zu lachen – Aljoscha, Sossima haben das freie Lächeln des selbstsicheren Menschen über den weißen Zähnen blinken. Zug um Zug setzt er so sein eignes Bild als Negativ gegen die neue Form. Sein Antlitz ist das eines gebundenen Menschen, des Knechtes aller Leidenschaften, bebürdet von Gedanken – das ihre drückt die innere Freiheit aus, die Hemmungslosigkeit, die Schwebe. Er ist Zerrissenheit, Dualismus, sie die Harmonie, die Einheit. Er der Ichmensch, der in sich Eingekerkerte, sie der Allmensch, der von allen Enden seines Wesens in Gott überströmt.

Diese Schaffung eines moralischen Ideals aus Selbstvernichtung – nie war sie vollkommener in allen Sphären des Geistigen und des Sittlichen. Aus Selbstverurteilung, gleichsam, indem er sich die Adern seines Wesens aufschneidet, mit dem eigenen Blute malt er das Bild des zukünftigen Menschen. Er war noch der Leidenschaftliche, der Krampfige, der Mensch der kurzen tigerhaften Ansprünge, seine Begeisterung eine aus der Explosion der Sinne oder der Nerven aufschießende Stichflamme – jene sind die sanft, aber stetig bewegte, keusche Glut. Sie haben die stille Beharrlichkeit, die weiter reicht als die wilden Sprünge der Ekstase, sie haben die echte Demut, die nicht die Lächerlichkeit fürchtet, sie sind nicht wie die ewig Erniedrigten und Beleidigten, die Gehemmten und Verkrümmten. Mit jedem können sie sprechen, und jeder fühlt Beruhigung an ihrer Gegenwart – sie haben nicht die ewige Hysterie der Angst, zu kränken oder gekränkt zu werden, sie blicken nicht bei jedem Schritt fragend um sich. Gott quält sie nicht mehr, er befriedet sie. Sie wissen um alles, aber eben weil sie alles wissen, verstehen sie auch alles, sie richten nicht und sie verurteilen nicht, sie grübeln nicht nach Dingen, sondern glauben sie dankbar. Seltsam: er, der ewig Beunruhigte, sieht in dem gelassenen, geklärten Menschen die höchste Form des Lebens, der Zwiespältige postuliert als letztes Ideal die Einheit, der Empörer die Unterwerfung. Seine Gottesqual ist in ihnen Gotteslust geworden, seine Zweifel Gewißheit, seine Hysterie Gesundung, sein Leid ein allumfassendes Glück. Das Letzte und Schönste der Existenz ist für ihn, was er selbst, der Bewußte und Überbewußte, nie gekannt und was er darum für den Menschen als das Erhabenste ersehnt: Naivität, Kindlichkeit des Herzens, die sanfte, die selbstverständliche Heiterkeit.

Sehet seine liebsten Menschen, wie sie schreiten: ein sanftes Lächeln ist auf ihren Lippen, um alles wissen sie und haben doch keinen Stolz, sie leben im Geheimnis des Lebens nicht wie in einer feurigen Schlucht, sondern schlagen es blau wie einen Himmel um sich. Sie haben die Urfeinde der Existenz, sie haben „Schmerz und Angst besiegt“ und sind darum gottselig geworden in der unendlichen Brüderschaft der Dinge. Sie sind erlöst von ihrem Ich. Höchstes Glück der Erdenkinder ist die Unpersönlichkeit – so verwandelt der höchste Individualist die Weisheit Goethes in einen neuen Glauben.

Kein Beispiel kennt die Geschichte des Geistes einer ähnlichen moralischen Selbstvernichtung innerhalb eines Menschen, ähnlich fruchtbarer Erschaffung des Ideals aus dem Kontrast. Märtyrer seiner selbst, hat Dostojewski sich ans Kreuz geschlagen: sein Wissen, daß es den Glauben bezeuge, seinen Körper, daß er durch Kunst den neuen Menschen zeuge, seine Eigenheit um der Allheit willen. Er will seinen eigenen Untergang als Typus, damit eine glücklichere, bessere Menschheit entstehe: alles Leiden nimmt er auf sich um das Glück der andern willen. Und der sich sechzig Jahre gespannt zur schmerzhaftesten Weite seines Gegensatzes, zerwühlt zu allen Tiefen seines Wesens, damit er Gott und damit den Sinn des Lebens finde – er wirft die gehäufte Erkenntnis weg für eine neue Menschheit, der er sein tiefstes Geheimnis sagt, die letzte Formel, seine unvergeßlichste: „Das Leben mehr lieben als den Sinn des Lebens."

Vita Triumphatrix

Wie es auch war, das Leben, es ist schön.
Goethe

Wie dunkel der Weg durch Dostojewskis Tiefe, wie düster seine Landschaft, wie drückend seine Unendlichkeit, geheimnisvoll ähnlich seinem tragischen Antlitz, das allen Schmerz des Lebens in sich gemeißelt! Abgründige Höllenkreise des Herzens, purpurne Fegefeuer der Seele, der tiefste Schacht, den irdische Hand jemals in die Unterwelt des Gefühles hinabstieß. Wieviel Dunkel in dieser Menschenwelt, wieviel Leiden in diesem Dunkel! O welche Trauer auf seiner Erde, dieser Erde, „die mit Tränen getränkt ist bis zu ihrer untersten Kruste", welche Höllenkreise in ihrer Tiefe, finsterer als Dante, der Seher, sie vor einem Jahrtausend erschaut. Unerlöste Opfer ihrer Irdischkeit, Märtyrer eigenen Gefühles, gequält von allen Geißeln des Geistes, schäumend im Schwall ohnmächtiger Empörung, o welche Welt, diese Welt Dostojewskis! Vermauert alle Freude, verbannt alle Hoffnung, ohne Rettung vor dem Leiden, das, unendlich getürmte Mauer, um alle seine Opfer steht! – Kann kein Mitleid sie erlösen, seine Menschen, aus ihrer eigenen Tiefe, sprengt keine apokalyptische Stunde diese Hölle, die ein Gottmensch schuf aus seiner Qual?

Tumult und Klage strömt aus dieser Tiefe, wie nie die Menschheit sie erhört. Nie war mehr Dunkelheit über einem Werk. Selbst Michelangelos Gestalten sind linder in ihrer Trauer, und über Dantes Tiefe glänzt der Paradiese seliger Schein. Ist wirklich das Leben nur ewige Nacht in Dostojewskis Werk und Leiden der Sinn alles Lebens? Zitternd beugt sich die Seele über den Abgrund und schauert, nur Qual und Klage zu hören von ihren Brüdern.

Aber da schwebt ein Wort aus der Tiefe, sanft im Getümmel und doch hoch sie überschwebend, wie eine Taube aufschwebt über stürmendem Meer. Sanft ist es gesprochen, und groß ist sein Sinn, selig das Wort: „Meine Freunde, fürchtet das Leben nicht." Und es ist ein Schweigen aus diesem Wort, schaudernd lauscht die Tiefe, und sie schwebt, sie überschwebt alle Qualen, die Stimme, da sie spricht: „Nur durch Qual können wir das Leben lieben lernen."

Wer spricht dies tröstende Wort des Leidens? Der Leidendste aller, er selbst, Dostojewski. Noch sind die gespreiteten Hände geschlagen an das Kreuz seines Zwiespalts, noch stehen die Nägel der Qual in seinem brüchigen Leibe, aber demütig küßt er das Marterholz dieser Existenz, und die Lippen sind sanft, wie sie zu den Mitbrüdern das große Geheimnis sagen: „Ich glaube, wir alle müssen erst das Leben lieben lernen."

Und anbricht der Tag aus seinen Worten, apokalyptische Stunde. Aufspringen die Gräber und Kerker: aus der Tiefe stehen sie auf, die Toten und Verschlossenen, alle, alle treten sie heran, Apostel seines Wortes zu sein, aus ihrer Trauer erheben sie sich. Aus den Kerkern drängen sie her, aus der Katorga Sibiriens, klirrend in Ketten, aus Winkelstuben, Bordellen und Klosterzellen, sie alle, die großen Leidenden der Leidenschaft; noch klebt das Blut an ihren Händen, noch brennt ihr geknuteter Rücken, noch sind sie nieder in Zorn und Gebrest, aber schon ist die Klage zerbrochen in ihrem Munde, und ihre Tränen funkeln von Zuversicht. O ewiges Wunder Bileams, Fluch wird Segnung auf ihrer brennenden Lippe, da sie das Hosianna des Meisters hören, das Hosianna, das „durch alle Fegefeuer des Zweifels gegangen". Die Finstersten sind die Ersten, die Traurigsten die Gläubigsten, alle drängen sie vor, dies Wort zu bezeugen. Und aus ihren Mündern, den rauhen und verlechzten, schäumt als großer Choral der Hymnus des Leidens, der Hymnus des Lebens mit der Urgewalt der Ekstase. Alle, alle sind sie zur Stelle, die Märtyrer, das Leben zu lobpreisen. Dimitri Karamasow, der unschuldig Verdammte, Ketten an den

Händen, jauchzt aus der Fülle seiner Kraft: „Alles Leid werde ich überwinden, um mir nur sagen zu können: ›ich bin‹. Wenn ich mich auch auf der Folterbank krümme, so weiß ich doch, ›ich bin‹, angeschmiedet auf der Galeere, sehe ich noch die Sonne, und wenn ich sie auch nicht sehe, so lebe ich doch und weiß, daß sie ist." Und Iwan, der Bruder, tritt ihm zur Seite und kündet: „Es gibt kein unwiderruflicheres Unglück als Totsein." Und wie ein Strahl dringt die Ekstase der Existenz in seine Brust, und er jubelt, der Gottesleugner: „Ich liebe dich, Gott, denn groß ist das Leben." Aus den Sterbekissen hebt sich, gefalteter Hand, der ewige Zweifler Stefan Trofimowitsch auf und stammelt: „O wie gerne würde ich wieder leben wollen. Jede Minute, jeder Augenblick muß eine Seligkeit des Menschen sein." Immer heller, immer reiner, immer erhobener werden die Stimmen. Fürst Myschkin, der Verwirrte, getragen von den schwankenden Flügeln seiner schweifenden Sinne, breitet die Arme und schwärmt: „Ich begreife nicht, wie man an einem Baum vorübergehen kann, ohne glücklich zu sein, daß er ist und daß man ihn liebt ... wieviel wundervolle Dinge gibt es doch auf jedem Schritt dieses Lebens, Dinge, die selbst der Verworfene noch als wundervoll empfindet." Der Staretz Sossima predigt: „Die Gott und das Leben verfluchen, verfluchen sich selbst ... Wenn du jedes Ding lieben wirst, wird sich dir das Geheimnis Gottes in allen Dingen offenbaren, und schließlich wirst du die ganze Welt mit allumfassender Liebe umspannen." Und selbst der „Mensch aus der Winkelgasse", der kleine verschüchterte Namenlose in seinem verschabten Mäntelchen, drängt heran und entbreitet die Arme: „Das Leben ist Schönheit, nur im Leiden ist Sinn, o wie schön ist das Leben!" Der „lächerliche Mensch" bricht auf aus seinem Traum, „das Leben, dasgroße, zu verkünden", alle, alle kriechen sie wie Gewürm aus den Winkeln ihres Wesens, um mitzusprechen im großen Choral. Keiner will sterben, keiner das Leben lassen, das heilig geliebte, keines Leiden ist so tief, daß er es mit dem Tode noch tauschte, dem ewigen Widerpart. Und diese Hölle, Dunkelheit der Verzweiflung, hallt plötzlich an ihren harten Wänden Lobgesang des Schicksals wider, aus Fegefeuern entbrennt fanatische Glut der Dankbarkeit. Licht, unendliches Licht strömt ein, der Himmel Dostojewskis bricht über die Erde, und rauschend über alle dröhnt das letzte Wort, das Dostojewski schrieb, das Wort der Kinder bei der Rede am großen Stein, der heilig barbarische Ruf: „Hurra das Leben!"

O Leben, wunderbares, das du dir mit wissendem Willen Märtyrer schaffst, auf daß sie dir lobsingen, o Leben, weisegrausames, das du die Größen dir hörig machst mit Leiden, damit sie deinen Triumph verkünden! Den ewigen Schrei Hiobs, der durch die Jahrtausende tönt, da er in der Plage Gott erkennt, immer willst du ihn wieder hören und der Männer Daniels Jubelgesang, indes ihr Leib im feurigen Ofen brennt. Ewig entzündest du ihn, klingende Kohle, auf der Zunge der Dichter, die du zu Leidenden machst, auf daß sie dir hörig werden und dich nennen in Liebe! Beethoven schlägst du im Sinne der Musik, daß der Ertaubte das Brausen Gottes höre und, vom Tode berührt, dir die Hymne der Freude dichte, Rembrandt jagst du ins Dunkel der Armut, daß er Licht, dein Urlicht, in Farben sich suche, Dante verjagst du vom Vaterland, daß er Hölle und Himmel im Traum erschaue, alle hast du mit deinen Geißeln gejagt in deine Unendlichkeit. Und diesen, den du wie keinen gegeißelt, auch ihn hast du dir gezwungen zum Knechte, und siehe, von schäumender Lippe, hinfallend in Krämpfen jauchzt er dir Hosianna zu, das heilige Hosianna, das „durch alle Fegefeuer der Zweifel gegangen“. O wie siegst du in den Menschen, die du leiden läßt, aus Nacht machst du Tag, aus Leiden die Liebe, aus der Hölle holst du dir heiligen Lobgesang. Denn der Leidendste ist der Wissendste aller, und wer um dich weiß, muß dich segnen: und dieser, der dich zutiefst erkannte, siehe, er hat dich wie keiner bezeugt, er hat dich wie keiner geliebt!